Ludwig Steub

Altbayerische Kulturbilder

Ludwig Steub

Altbayerische Kulturbilder

ISBN/EAN: 9783743492424

Hergestellt in Europa, USA, Kanada, Australien, Japan

Cover: Foto ©ninafisch / pixelio.de

Weitere Bücher finden Sie auf **www.hansebooks.com**

Altbayerische Culturbilder.

Von

Ludwig Steub.

Leipzig
Verlag von Ernst Keil.
1869.

Vorrede.

Die folgenden Betrachtungen, obwohl zu verschiedenen Zeiten entstanden, haben doch ein und dasselbe Ziel. Dieses aber liest sich so klar heraus, daß es hier — vor dem Anfang — nicht erklärt zu werden braucht. Wer bis dahin im Zweifel gelegen, der wird jedenfalls im letzten Capitel, im Epilog, die etwa nöthige Aufklärung finden. Auch scheint es überflüssig, eine Ursache anzugeben, warum diese Bruchstücke gerade jetzt aus Licht treten. Und so glaubt denn der Verfasser, den Leser nicht länger aufhalten, sondern ihm das Büchlein selbst eröffnen und ihm dessen aufmerksame Lectüre dringend empfehlen zu dürfen.

I.

Aus dem bayerischen Vormärz.

Steub, Culturbilder.

Aus dem bayerischen Vormärz*).

(Im April 1849.)

Das Neueste aus dem Reiche des Witzes sind jetzt die Musterschriften, durch welche unsere Staatsmänner vergangene Tage zu beleuchten, die Tragweite officieller Ideen zu zeichnen, den Hochsinn des eigenen Herzens anzudeuten, die unedle Denkungsart des Gegners aber „dem Urtheile des Unbefangenen" zu überlassen suchen. Die Fehde war erklärt, als Herr von Abel in der Landtagssitzung des achten Februars seiner Tugenden gedachte und die Geschichte anrief um Entscheidung, wer seiner Pflicht mehr getreu geblieben: Jene, die gesprochen und sich hingeopfert, oder die da geschwiegen, wo vor Jedermanns Augen das

---

*) Zuerst erschienen in der Beilage der A. Allgemeinen Zeitung vom 20. April 1849; hier mit unerheblichen Aenderungen wiederholt. Wer sich die damaligen Zeiten wieder in Erinnerung bringen will, den verweisen wir auf die Artikel: „Bayern unter dem Ministerium Abel" und „Bayern unter den Uebergangsministerien von 1847—1849" im sechsten und siebenten Bande der Brockhaus'schen „Gegenwart", Leipzig, 1851—1852.

Aergste sich vorbereitet habe. Herr von Maurer legte darüber eine Erklärung zu den Landtagsacten, was Herr von Abel mit einer Gegenerklärung vergalt, die nur für engere Kreise bestimmt ist. Karl von Abel schreibt nämlich nur für Würdenträger und Hochgestellte, die der Auffassung großer Verhältnisse und ungewöhnlicher Charaktere gewachsen sind, und der unberufene Vorwitz einfacher Unterthanen war ihm immer widerwärtig. Jener Gegenerklärung folgte sofort eine Antwort des Reichsraths von Maurer, und so scheint der Cyclus geschlossen bis auf die noch zu erwartende Schrift des Freiherrn von Zu-Rhein, welche derselbe vor der Kammer der Reichsräthe in einer schönen, von sittlicher Wärme getragenen Apologie versprochen hat.

Gehen wir nun diese Denkwürdigkeiten vormärzlichen Staatslebens etwas näher durch, so führt uns Herr von Maurer in jene heißen Tage zurück, wo er das Portefeuille übernahm, um den Monarchen — nicht allein stehen zu lassen. „Ich mußte in das Ministerium treten," sagt Herr von Maurer mit Nachdruck, und in der That, nicht ohne einige Erregung kann man denken, wie es gegangen wäre, wenn der König, womit er öfter gedroht, aus dem Parterre der Bureaukratie den Landrichter von R** oder gar den damaligen von L** auf die Bühne gerufen und seinen erstaunten Millionen als Minister vorgestellt hätte. Nicht viel mühsamer als die Erklärung seines unvermeid=

lichen Eintritts mag dem Staatsmann die Rechtfertigung des Verfahrens geworden sein, das er der bekannten Tänzerin gegenüber in der peinlichen Indigenatsfrage beobachtet. Hatte er auch das köstliche Document in den gebührenden Formen gefertigt, so beschwor er doch Den, in dessen Hände er es gelegt, tagtäglich, es nicht zu übergeben. Daß man nach kurzen Wochen, trotz der Seelenangst des Ministers, eine liebliche Ueberraschung bereiten und dazu jene Urkunde verwenden wollte, wie später die Grafschaft Landsfeld, das war allerdings nicht in der Verabredung. Wenn damit des Landes Wünsche so wenig erfüllt waren, als die des Ministers, so ist andererseits an diesem, wenn auch heroische Selbstständigkeit, doch ein reger Sinn für Anstand, für Zucht und Sitte nicht zu verkennen. Wer sich da zufällig erinnert, was in ähnlichen Fällen vor hundert Jahren unter Ludwig XV. Cavalierbrauch und Ministermanier gewesen, der wird selbst im Leben der Höfe einen Fortschritt unabhängiger Gesinnung und männlicher Tugend zu bemerken glauben und sich mit neuer Liebe den schönen Ahnungen hingeben, welche uns die menschliche Perfectibilität zu hegen gestattet.

Wie dem auch sei, diese Lagen sind immer „zarterer Natur," voll „höherer Rücksichten," und daher dem Leser aus bürgerlichen Kreisen nicht ganz geläufig. Näher rücken uns die beiden Staatsmänner in einer andern Frage, die in jedem menschlichen Gemüthe wiederhallt.

Herr von Abel behauptet nämlich, er sei mit einer Pension von zweitausendfünfhundert Gulden in den Ruhestand versetzt worden, während er in einem langen Ministerthume nicht einen Pfennig erübrigt; das Wandern in die Fremde habe ihm sechstausend Gulden gekostet und viele bittere Stunden eingetragen. Das Vaterland schwinde im fernen Auslande nicht aus dem Herzen, die Entfernung vermehre nur die Sehnsucht. Hierauf entgegnet Herr von Maurer: Herr von Abel habe zwar von einem Standesgehalte von zweitausendfünfhundert Gulden gesprochen, jedoch zu erwähnen vergessen, daß dieser gleich um tausend Gulden erhöht worden sei. Hierauf habe er den Posten in Brüssel erhalten, mit einem Gehalte, der ihm nicht genügt, der aber doch um viertausend Gulden höher gewesen, als der, welcher Herrn von Maurer später in derselben Stellung bestimmt war. Als Herr von Abel nach Turin versetzt worden, habe er schließlich einen Gehalt bezogen, der ihn vollkommen zufriedengestellt. Hierauf Herr von Abel — — Doch diese Verhältnisse, im Principe so einfach und faßlich, verwickeln sich zusehends auf eine ungeahnte Weise, und man erfährt weder, wie hoch der Gehalt gewesen, welcher um viertausend Gulden höher war, als der, welcher Herrn von Maurer bestimmt, noch wie hoch der, welcher Herrn von Abel in Turin genügt hat.

Für unsere Aufgabe ist beides überflüssig. Eher möchten wir fragen, ob auch für diese erhabenen Naturen etwas Besoldung mehr oder weniger die Ursache gestörten innern Friedens und wiederkehrender Glückseligkeit sei? Oder sollen wir es beklagen, daß uns altrömische Genügsamkeit ebenso fern steht, als der Wohlstand des englischen Patriciats, daß nicht Bedürfnißlosigkeit oder zureichende Güter die weinerliche Philosophie der Menage zurückdrängen? Wie glücklich jener Freiherr von Lerchenfeld, der mit antiker Leichtherzigkeit auf seine oberfränkischen Felder zurückkehren konnte, um nichts reicher, als um eine Prüfung! Wer bedauert nicht, daß in einer Verbindung, wie der eben gedachten, auch der ethische Werth der übrigen Opfer leidet? daß man sich in aller Gemüthsruhe die Frage stellt: was in unsrer Zeit, wo Tausende für ihren politischen Glauben gelitten, das Martyrium eines Mannes bedeute, der aus einem Minister Regierungspräsident wird, um aus einem Präsidenten allenfalls wieder Minister zu werden? Selbst die intellectuelle Miturheberschaft an den Märzerrungenschaften ist nicht Allen ganz klar geworden. Herr von Abel glaubt die Erhebung des vorigen Jahres gerade dadurch wesentlich gefördert, daß das Beispiel von Männern vorangegangen, die Alles, was ihnen theuer war, der Pflicht zum Opfer brachten. Aber an Männern, die für ihre Ueberzeugung in's Elend gehen mußten, hat es in Bayern nie gefehlt. Und wenn sich auch Herr von Abel der Festigkeit seiner Grundsätze nach auf eine Bank setzen kann mit Behr und Eisenmann und vielen Andern, so darf er nicht vergessen, daß man kein Sonderling sein muß, um die Verbannung auf eine Gesandtschaft in Italien dem Leben in einer vaterländischen Strafanstalt vorzuziehen. Sollte endlich jene wohlwollende Begrüßung der Märzerrungenschaften als ein Zeichen ihrer Werthschätzung gelten, so hätten wir noch die weitere Frage, warum dieser Staatsmann nicht der Freiheit lieber selber eine Gasse brechen, als lediglich durch gutes Beispiel eine gewaffnete Erhebung fördern wollte, welche jene Freiheiten demselben Monarchen abgewann, den er, er mehr als jeder Andere, immer davon fern gehalten.

Anziehend bleibt aber diese Vertheidigungsrede immer durch ihren frischen Muth und die behagliche Selbstzufriedenheit eines Mannes, der seine Pflicht gethan zu haben glaubt. Da stellt sich der ehemalige Minister quasi re bene gesta unter einen Haufen seiner Feinde und spricht von den zehn übeln Jahren, als habe er gar keine Beschwerde gefühlt. Was da herankommt als Vorwurf, als Tadel einzelner Maßregeln, das wird glorreich in den Sand gerannt, und der Sieger wundert sich fast, wie man ihn so ungeschickt behelligen möge. Wenn kein getreueres Abbild unserer Zustände zu finden, als die Ministerialacten, dann hat der Staatsmann freilich recht. Er liebte es von jeher, einen kecken Peitschenschlag in die öffentliche Meinung zu thun, und dann die Getroffenen mit überraschter, aber durchaus constitutioneller Attitude zu fragen: Was giebt's? Verfolgt von den Plänklern der Opposition, zog er sich gern hinter seine papiernen Mauern, aus deren Innerm oft ein wahrhaft attisches Gelächter erscholl. Hin und wieder mußten selbst Jene mitlachen, die sich darüber ärgern wollten. Das war nun einmal die heitere Seite des vormärzlichen Constitutionalismus.

Nur einen Fehler gesteht das System seinen Gegnern zu, nämlich: „daß es nicht gut war, wenn der Bildung neuer protestantischer Gemeinden Schwierigkeiten entgegengesetzt wurden." Dies Geständniß des Meisters hat seine Jünger, die ihn schon einmal ganz aufgegeben, mehr erfreut, als neunundneunzig gelungene Apologien. Wir hören ermunternden Zuruf, so fortzufahren — ein Stück nach dem andern den Gegnern hinzuwerfen, am Ende das ganze System als ein leidiges „Mißverständniß" zu erklären, und so, gereinigt und ausgelaugt, wieder an's Staatsruder zu treten um der guten Sache die alten Dienste zu leisten. Es verdient aber bemerkt zu werden, daß nach des katholischen Staatsmanns Ausspruch gegen das Ende seiner Laufbahn auch die Protestanten zufrieden waren. Konnten wir uns doch selbst eines dankbaren Aufblicks zum Höchsten, ja zum Allerhöchsten nicht erwehren, als wir damals in den Zeitungen lasen, daß den protestantischen Familien zu Ir-Ir und Ypsilon allergnädigst gestattet worden sei, sich zwei- oder dreimal des Jahres auf eigene Kosten einen Geistlichen verschreiben zu dürfen.

Freilich — wär' es nicht erlaubt worden, wer hätte je geahnt, daß es verboten gewesen!

Wenn nun aber jener Fehler durch Reue getilgt und gezeigt ist, daß mit Malzaufschlag, Straßenbauten, Erübrigungen u. s. w. alles in Ordnung war, ist dann der lastende Druck jener Zeiten hinweggesprochen? War es nur der Muthwille ungezogener Volksvertreter, der jenes System ein „fluchwürdiges," ein „verruchtes" nannte? Lag denn nicht eine gewisse Idee, eine recht kennbare Tendenz zu Grunde, über welche Herr von Abel sprechen mußte? Er hat kein Wort darüber verloren; und doch hätte ein solches Wort — sollte man glauben — bei den getreuen Altbayern, bei den Abgesandten des obern und niedern Herzogthums und der obern Pfalz, bei den ehrwürdigen Männern der Rechten, einen guten Boden gefunden, denn jene Politik war ja — wie man immer und immer behauptete — nicht so fast eine bayerische gewesen, als vielmehr gerade eine altbayerische, gegründet auf die Neigungen und Stammeseigenthümlichkeiten der alten wittelsbachischen Erblande? Wie nun?

Die Menschen im Vaterlande Aventin's haben eigentlich so gut einen Zug zur Vervollkommnung, wie die Bewohner anderer wohlgearteter Länder. Was war das ein liebenswürdiges, edel-menschliches Streben, das vor hundert Jahren die Lori, die Limbrunn, die Obermayer beseelte! Karl Theodor, der fromme, sinnliche und kunstliebende Kurfürst aus der Pfalz, trat diese Blüthen freilich wieder in den Boden, und König Max mußte abermals von vorne anfangen. Die Protestanten, die er rief, brachten die Kenntniß des Alterthums und der Literatur der Muttersprache, ein Verdienst, das ihnen die damaligen Münchener mit jahrelangen Quälereien dankten. Immerhin ist das Volk in den freundlichen Landstädten Altbayerns nicht so übel, als man es verschreit; es hätte gern eine etwas aufgeklärte Religion ohne Erscheinungen und Wunder, einen heitern, gebildeten Klerus ohne den Menschenhaß der Asceten und die Herrschergelüste der neuern Schule. Es befleißigt sich bis jetzt einer gemäßigten Freisinnigkeit, welche, ohne viel darein zu sprechen, doch den Wunsch hat, mild und wohlwollend regiert zu werden. Der altbayerische Bauer aber ist ein absonderlicher Mensch, an dem sogar der Katholicismus kein Meisterstück gemacht, da er ihn schon dreizehnhundert Jahre erzieht, ohne ihn sichtlich vorwärts zu bringen. Er ist gutmüthig, aber ungeschlacht und zu Gewaltthaten aufgelegt, empfänglich für Unterricht, aber ohne Verlangen darnach, bei weitem mehr religiös als sittlich, und als schönster Schmuck des Lebens gilt ihm, hin und wieder seine Rohheit auszulassen. Sein Klerus, der fast ganz aus ihm hervorgeht, assimilirt sich auch wieder gern mit seinem Volke. So leben sie mit einander dahin, oft in

Frieden, oft in Streit, ohne sich viel zu kümmern, daß sie die Mitwelt für zurückgeblieben und unwissend hält.

Als nun in den dreißiger Jahren der bayerische Strom der Zeit einige Wellen zu werfen begann, schien es räthlich, den Staatskahn in das enge und ziemlich trübe Gewässer zurückzuleiten, das der hochselige Kurfürst Karl Theodor mit wenig Ruhm beschifft hatte. Fürst Wallerstein hatte in weltlichen Dingen das Seinige gethan, in geistlichen aber nicht genügt; da kam ein Anderer, um die Aufgabe nach beiden Seiten zu übernehmen.

Von da an, mit dem Kölner Ereignisse beginnend, der große Kampf, den der tapfere Ausbund der Gläubigen zu München für die Bekehrung Deutschlands unternahm. Diese kriegerischen Schriftgelehrten — die Ultramontanen — sie nannten sich mit Vorliebe bayerische, altbayerische Katholiken, ohne zu bedenken, daß sie zumeist aus allen Himmelsgegenden in Altbayern zusammengelaufen waren. Dieses Land mit seiner gesunden Luft, seinem heitern Leben und seinen übrigen Bequemlichkeiten dünkte ihnen annehmlich. Da sollte eine Oase erblühen, wo alle rechtgläubigen Raufbolde deutscher Nation ihre befestigten Zelte aufschlagen könnten zu beliebigen Ausfällen auf die harmlosen Ketzer. Das erinnerte fast an Wallenstein's Lager, was da für versprengte Landsknechte zusammenkamen, um schnell katholisch und altbayerisch zu werden. Das Volk dünkte ihnen „einfach" und erbötig, noch

Vieles gläubig aufzunehmen, was anderswo schon lange nicht mehr ziehen wollte. Sie scherzten zwar mit Anmuth über diese gutmüthigen Leute, deren Mundart sie kaum verstanden, aber sie nahmen gern ihren Namen an, denn er mahnte an den dreißigjährigen Krieg und an Tilly's Siege über die Protestanten. So erschienen sie sich selbst als die providentiellen, langersehnten Wortführer der bayerischen Nation, welcher die Natur die Stimme versagt habe. Ja, unsere Ultrakatholiken, unsere Ultrabavaren, früher schon, wie jetzt die Zander, die Guido Görres, sie waren immer aus der Fremde — „man wußte nicht, woher sie kamen." Denn hieratisch-archaistische oder zu deutsch: priesterlich-altmodische Länder haben das Eigenthümliche, daß sie zwar durch Anhänglichkeit an das Alte und Abwehr neuer Gedanken dem Himmel viel näher liegen als andere, daß sie sich aber auf Erden gar oft selbst nicht zu helfen wissen. Daher kommt es, daß in der langen Reihe bayerischer Staatsmänner und Feldherren, Gelehrter und Künstler ein Altbayer fast nur eine rühmliche Ausnahme bildet.

In jenem christlichen Heerlager entwickelte sich aber bald alle Tapferkeit des Glaubens: man zeigte sich zu jedem schweren Stücke bereit, rauflustig, lieblos, ungeheuer glücklich, wenn eine apostolische Razzia gelungen. Der Kampfpreis war aber auch kein Schund, sondern das Schönste, was man einer edlen Nation nur bieten konnte.

Den altbayerischen Feuerherzen, die noch für Kaiser Ludwig den Bayer glühen, die noch heute grollen, daß die Mark zu Brandenburg und die Herrschaften in Holland und das prächtige Tirol so schimpflich verlottert wurden (1363 bis 1433), denen raunte man nämlich zu: jetzt sei es bald Zeit, in die deutsche Geschichte eine bayerische Kaiserdynastie — als letzte und beste — nachzutragen. Und zwar deute die heilige Allianz mit dem Kölner Pöbel auf die alte bayerische Kur zu Köln und in ihrer Verlängerung auf die niederrheinischen Herzogthümer, auf Jülich, Cleve und Berg. Die Rheinfranken seien innerlich schon gerüstet und hielten die Altbayern für die erste Nation der Welt. Auch weiter sei die Lunte schon gelegt; die katholischen Cherusker im Teutoburger Walde seien gewonnen und jetzt geneigt, für Rom gegen die ketzerischen Hermunduren, Chatten und Chaucen in's Feld zu gehen. Eine weißblaue heimliche Priesterhansa wirke fördernd durch den ganzen Norden. Im Uebrigen befinde sich der Protestantismus ohnedem in seiner Selbstauflösung. Wenn der alte Görres noch etlichemal den Orkan seiner Pamphlete loslasse, so brauche es nur noch einen historisch-politischen Jubelkrawall durch ganz Deutschland, und der Tag sei gekommen, den der von Lehnin dem König an der Spree gesungen. Etliche Fähnlein berittener Jesuiten ständen schon da und dort im Hinterhalte, im Uferbuschwerke des Rheins, und das bayerische Heer, dessen Muth die Kniebeugung verdoppelt habe, werde den letzten Schlag thun. Und was jetzt noch unscheinbar, aber eines größeren Looses würdig, in der Hofburg zu München dämmere, das werde man auf dem Schilde oder in anderer malerischer Sauce gen Aachen tragen, wo die Kaiserkrone warte und der alte Kaisermantel der Hohenstaufen, den Professor Höfler soeben mit welschen Stöckchen ausgeklopft. Dann würden die bayerischen Pfarrer alle Cardinalminister, die Beneficiaten Erzbischöfe zu Magdeburg und Bremen, die Convertiten bekämen die Erzämter, alle vornehmen Herren würden reichsunmittelbar, ganz Deutschland aber altbayerisch. Das neue Reich sollte auf bestwelfische Art so eingerichtet werden, daß auf viele Jahrhunderte hinaus nichts mehr zusammenginge — alles zur größern Ehre Gottes und zum Nutzen der Gläubigen. Auch würde man einmal an einem schönen Feiertage die unheiligen cantilenae barbarorum, das Lied von der Glocke und den König von Thule, auf offenem Markte verbrennen und die blöden Laien gar nichts mehr lesen lassen, als die „Christliche Mystik" und das Beste aus Pater Sintzel's Schriften.

O, wo sind sie hingegangen, diese luftigen Schwärmereien einer größern Zeit! Wie haben uns die Rheinfranken angeführt mit ihrer Wallfahrt nach Trier, die sie, wie man jetzt erst erfährt, gar nicht unternommen zu Ehren des heiligen Rocks, sondern nur, um die Preußen zu ärgern! Wie anders, seitdem sie in der rothen Mütze viel leichter gegen die Berliner Weisheit anrennen, als im hindernden Chorrocke! Wo ist jetzt die Verehrung, die sie vor den Altbayern zu haben bekannt? Ja, der oft gefeierte Hochberuf unseres Bayerns als katholischer Schutzmacht in Deutschland wird leider für immer dahin sein, da durch die leidigen Grundrechte den Gläubigen aller Bekenntnisse ihr Religionsbedarf so zugänglich geworden, daß sie sich gar nicht mehr nach auswärtigen Schutzmächten umsehen müssen, wie die Christenhunde in der Levante.

Und nun laßt uns auch mit heiterm Rückblicke jener Erhebungsperiode „des katholischen Bewußtseins", jener Verklärungstage der christlichen Liebe gedenken, wo Mancher die blinden Heiden um ihre Menschenfreundlichkeit zu beneiden anfing. Das war ein eigenes Gefühl, als man denselben Wind wieder spürte, welchen vor sechs oder sieben Decennien der hochwürdige Daniel Stabler und Pater Frank, der Kurfürsten Beichtiger, so meisterhaft geblasen; als der Sectenhaß, der blutige Begleiter des Christenthums, wieder aufgerührt, und den Deutschen gezeigt wurde, daß sie in dreihundert Jahren um nichts klüger geworden; als das Gesinde gegen die Herrschaft meuterte, wenn sie andern Glaubens war, und die Schwester gegen den Bruder und die Frau gegen den Mann und Haus gegen Haus; als jener begeisterte

Bäckermeister mit dem kindlich=frommen Ministerium seine Betkränzchen arrangirte, als Heinrich der Große von Passau den Böhmerwald mit seinem Ruhm erfüllte, als der göttliche Eberhard, der Prediger zu St. Michael, der das verfallene Lutherthum schnell gänzlich ausrotten wollte, seinen herrlichen Brief voll apostolischer Grobheit an den milden Kirchenfürsten von Regensburg schrieb! als der Erzbischof den Aufwiegler von der Kanzel jagte und die Münchner Bürger jenen knieend baten, er möge diese goldene Zunge wieder lösen! Wie wurden die Land=pfarrer und Bauerncapläne, verstärkt durch den entbehr=lichsten Abhub fremder Seminare, wie wurden sie sieges=stolz und unerträglich trotz alles Haberfeldtreibens, wie eifrig, den leichten Anflug von Cultur und milderer Ge=sittung wegzufegen, der in frühern Zeiten mühsam erblüht! Und manche Beamte, im Servilismus verkommen, wie heuchlerisch stimmten sie ein in diese schnarrende Kirchen=musik! Jetzt schien es angebrochen, das nachgeborne Millennium der Hierarchie, die sich, nach Ausrottung der Ketzerei, noch einmal in aller Pracht, Macht und Herrlichkeit sonnen wollte, wie sie einst Boccaccio be=wundert.

Klagte man aber damals über die Mängel in welt=lichen Dingen, so wurde man mit geistlichem Trost gespeist. Schrie man nach Berufungen an die einschlafenden Uni=versitäten — „hier habt ihr die Franciscaner!" Nach

besserm Unterricht an den Gymnasien — „da kommen die Capuciner!" Nach bessern Volksschulen — „hier sind die Liguorianer!" So wurden zwar viele Wünsche bedacht, aber immer mit dem Gegentheil. Dem Verlangen nach Preßfreiheit antwortete die Entziehung des Postdebits für unliebe Zeitungen oder das Verbot des Guttenbergfestes — ein trefflicher Vorläufer des Kriegs, den der Staatsmann jetzt dem Princip der Bevormundung erklärt. Von einer angenehmen Behandlung der Censur, wie sie nun behauptet wird, war auch keine Spur zu finden.*)
Und wie ging's damals — Vereinsrecht betreffend — in Bayern jenem Verein frommer Protestanten, der freilich einen sehr albernen Titel trägt? Muthige Leute, die all

---

*) Die Allgemeine Zeitung hat eine ansehnliche Reihe von historischen Beweisstücken, eben aus dem Ministerium Abel — und welche bayerische Zeitung hätte sie nicht! Monatelang durfte vom Gustav-Adolf-Verein nicht der Name genannt werden, selbst nicht in königlichen Erklärungen (des Königs von Württemberg z. B.). Und dieses Verbot erfolgte unmittelbar, nachdem die Aufnahme eines halbofficiellen Angriffsartikels durchgesetzt worden war, unter Umständen, die der Redaction wie eine Garantie erscheinen mußten, daß gemäßigte Gegenansichten von der Censur nicht würden beanstandet werden! (Anmerkung der Redaction der Allgem. Zeitung.) Der protestantische Pfarrer Redtenbacher wurde wegen einer Rede gegen die Kniebeugung, die er dem Druck übergeben, vom Appellationsgericht zu Eichstädt zu einjähriger Festungsstrafe verurtheilt. Die bedeutendsten Theologen seines Bekenntnisses waren gleichwohl der Ansicht, daß die Flugschrift zwar freimüthig geschrieben sei, aber sich streng an die Lehren der protestantischen Kirche halte.

das Treiben beim rechten Namen nannten, ließ man, wenn möglich, nicht mehr in die Kammer. Während die Stände tagten, wurde es immer mehr Nacht; während eine verwitterte Begeisterung noch immer die Freiheits=schlacht bei Leipzig besang, wurde der einheimische Druck so quälend, als früher der fremde, und während man die Regierungsgeschäfte mit heiligem Ernst zu behandeln schien, wurde Bayern die Zielscheibe europäischen Ge=lächters. Von allem Widerwärtigen, was die Zeit heran=brachte, war das Widerwärtigste immer aus dem eignen Vaterlande. Immer allgemeiner wurde der Zweifel, ob die von Gott gesetzte Obrigkeit nur zum Spaß regiere, ohne zu wissen warum, oder ob man bei diesen marotten=artigen, das Volksbewußtsein kränkenden Erscheinungen wirklich einen dunkeln Zusammenhang mit dem ostensiblen Volksbeglückungsdrange voraussetzen dürfe.

War das altbayerisch regiert, ihr Herren? Ich glaube nicht. So geht man nicht mit einem Stamme um, welcher — ein für Deutschlands Zukunft zurückgelegtes Capital — in seinen guten Anlagen entwickelt und gefördert sein will, entschädigt, mit sehr großem Fleiß und wahrer Aufopferung entschädigt für die lange Nacht, in welcher ihn Herren und Pfaffen gehalten. Derselbige Stamm, wenn er aufrichtig spricht, will auch nicht ausgebeutet sein nach den Heften etlicher wohlmeinenden Schwärmer, nach den Begierden etlicher herrschsüchtigen Priester und zum Profit etlicher

2*

zusammengelaufener Religionsspeculanten, die ihn nicht kannten und ihm glücklicherweise unbekannt blieben, sondern hergestellt als ebenbürtig in allen geistigen Erreichnissen den andern Bewohnern der großen deutschen Erde.

II.

Der Judenmord zu Deggendorf.

Vorbericht.

Gegen Ende des Jahres 1865 hatte ich einige Reise-erinnerungen aus dem rhätischen Alpenlande zusammen-gestellt, welche mit Anfang des Jahres 1866 in der All-gemeinen Zeitung unter dem Titel: „Herbsttage in Tirol" zum Abdrucke gelangten. Da findet sich nun in der Bei-lage vom 16. Januar folgende Stelle:

„Auf dem Judenstein (bei Hall) sollen einst vor vier-hundert Jahren drei Juden ein Christenknäblein gemordet haben. Später baute man ein Kirchlein darüber, und jetzt noch geht das Landvolk wallfahrten dahin. Noch sieht man die Gebeinchen des Kindleins hoch oben auf dem Altar und den Stein und die Juden, letztere jedoch nur aus Holz geschnitzt. Die Legende gehört zu den schönen alten Geschichten, die man jetzt nicht mehr recht glauben will. Jedenfalls ist sie nicht so documentirt, wie der große Judenmord zu Deggendorf an der Donau (1337), der jetzt noch nach fünfhundert Jahren durch Processionen, Wall-fahrten, Predigten und Abläsje gefeiert wird." —

Bald hierauf, nämlich am 21. desselben Monats, war in der Beilage zur Allgemeinen Zeitung Nachstehendes zu lesen:

† München, 20. Januar. (Vom erzbischöflichen Secretariat erhalten wir folgende Berichtigung.) Der Verfasser des Aufsatzes „Herbsttage in Tirol" sagt (Beilage zur Allgemeinen Zeitung Nr. 16) „daß der große Judenmord zu Deggendorf an der Donau (1337) jetzt noch, nach fünfhundert Jahren, durch Prozessionen, Wallfahrten, Predigten und Abläße gefeiert wird." Diese, für Solche, welche die Sache nicht näher kennen, jedenfalls pikante und überraschende Mittheilung bedarf um so nothwendiger einer Berichtigung, als sie nicht blos eine einfache Unwahrheit enthält, sondern eine gehässige Verdächtigung des katholischen Cultus ausspricht. Was „zu Deggendorf an der Donau" durch Prozessionen, Wallfahrten und Abläße gefeiert wird, ist nicht etwa der angebliche „große Judenmord", sondern ist das große Wunder, durch welches Gott vor fünfhundert Jahren daselbst das katholische Dogma von der heiligen Eucharistie in augenfälligster Weise zu documentiren und zu verherrlichen sich würdigte, sind die consecrirten Hostien, welche jüdische Wuth und Verblendung in schmählichster und schrecklichster Weise mißbraucht, die aber bis zur Stunde noch ganz unversehrt erhalten sind. Diesen Hostien, dem eucharistischen Christus, gelten Prozessionen, Wallfahrten, Predigten u. s. w. Wir wol-

len zwar dem Verfasser des obengenannten Aufsatzes nicht zumuthen, daß er dies wisse; aber wir müssen von ihm verlangen, daß, wenn er einmal über die Wallfahrt in Deggendorf reden will, er sich vorher darüber unterrichte, und nicht seine Phantasien und Einbildungen als Thatsachen hinstelle."

Durch diese Berichtigung veranlaßt entstand die folgende Abhandlung, welche im April desselben Jahres ebenfalls in den Beilagen der Allgemeinen Zeitung erschien. Sie ist nun wieder durchgesehen, überarbeitet und mehrfach erweitert worden, wozu namentlich Otto Stobbe's seither erschienenes Werk über „die Juden in Deutschland während des Mittelalters" manchen dankenswerthen Beitrag lieferte.

I.

Schickſale der Juden im Mittelalter.

Poscimur — d. h. wir werden herausgefordert, und noch dazu in der urbanſten Weiſe! Unſere Mittheilung, daß der große Judenmord zu Deggendorf an der Donau (1337) jetzt noch, nach fünfhundert Jahren, durch Prozeſſionen, Wallfahrten, Predigten und Abläſſe gefeiert werde, ſei für Solche, welche die Sache nicht näher kennen, zwar pikant und überraſchend, enthalte aber nicht bloß eine einfache Unwahrheit, ſondern auch eine gehäſſige Verdächtigung des katholiſchen Cultus. Was zu Deggendorf gefeiert werde, ſei nicht der angebliche „große Judenmord", ſondern das große Wunder, durch welches Gott vor fünfhundert Jahren daſelbſt das katholiſche Dogma von der heiligen Euchariſtie in augenfälligſter Weiſe zu documentiren und zu verherrlichen ſich gewürdigt, ſeien die conſecrirten Hoſtien, welche jüdiſche Wuth und Verblendung in ſchmählichſter und ſchrecklichſter Weiſe miß=

braucht, die aber bis zur Stunde noch ganz unversehrt erhalten seien. Diesen Hostien, dem eucharistischen Christus, gälten diese Prozessionen, Wallfahrten, Predigten u. s. w. Man wolle zwar dem Verfasser des fraglichen Aufsatzes nicht zumuthen, daß er dies wisse, aber man müsse verlangen, daß, wenn er einmal über die Wallfahrt in Deggendorf reden wolle, er sich vorher darüber unterrichte, und nicht seine Phantasien und Einbildungen als Thatsachen hinstelle.

Ich gebe gerne zu, daß ich vor etlichen Wochen über die Historie der Wallfahrt und den eucharistischen Christus zu Deggendorf noch nicht so gut unterrichtet war, als zu dieser Stunde, aber es wäre vielleicht besser gewesen, mich in meiner glücklichen Unwissenheit zu belassen. Die Anreizungen von der andern Seite haben mich gezwungen, der Sache näher auf den Grund zu sehen, und das Ergebniß ist leider kein tröstliches. Es scheint sich herauszustellen, daß der **angebliche** große Judenmord doch etwas mehr als angeblich war; überdies aber steht die Frage auf: ob an der Geschichte noch irgend etwas übrig bleibe, was würdig wäre, durch Wallfahrten, Prozessionen, Predigten u. s. w. in Erinnerung gehalten zu werden.

Das Wunder zu Deggendorf ist gleichsam nur ein einzelner Stern in einer Milchstraße von ähnlichen Gestirnen, welche die ganze Nacht des Mittelalters durchzieht, ohne sie sonderlich zu erhellen, und vielleicht jetzt erst in den Großthaten der edlen Tschechen*) ihren Abschluß findet. Entstehungsgrund und Bedeutung desselben läßt sich nur aus der Geschichte der frühern Judenverfolgungen, aber daraus auch ganz klar erkennen. Es ist daher unvermeidlich, diese selbst in den Kreis unserer Erörterungen hereinzuziehen. Wie es aber gegen alle Ehrerbietung anliefe, die Geschichte der Christen nur aus den Aufzeichnungen der Juden zu construiren, so wäre es auch nicht billig, die Erlebnisse Israels im Mittelalter nur nach den Schriften der Christen darzustellen. Wir haben uns daher nicht entblödet, auch etliche von wackern Juden verfaßte Bücher um Auskunft anzugehen, so namentlich Depping's Schrift über die Juden im Mittelalter, Jost's Geschichte der Israeliten, und vor allem Dr. H. Graetz's Geschichte der Juden**), ein mit vieler Race und erstaunlicher Gelehrsamkeit geschriebenes Werk, welches an „pikanten und überraschenden Mittheilungen" ungemein reich ist.

Und so beginnen wir denn mit einem gedrängten Ueberblick der Begebenheiten, welche sie in vergangenen Jahrhunderten erlebt haben, die „Nachkömmlinge jener arabischen Horde, die in Mesopotamien die Heerden

---

*) Kurz zuvor waren in Böhmen allerlei höchst mittelalterlich gefärbte Judenverfolgungen vorgekommen.

**) Noch nicht vollendet; der zehnte Band ist 1868 erschienen (Leipzig bei Oskar Leiner), und reicht bis zum Jahre 1760.

weidete, in Europa aber Banken hält und den Staats=
männern Unterricht in der Finanzkunst gibt".

Die Zerstörung Jerusalems ist durch Kaulbach's Ge=
mälde auch in weitern Kreisen bekannt geworden. Aus
der Geschichte der Israeliten ist sie die letzte Thatsache,
von welcher ein gebildetes Publikum gewöhnlich Notiz zu
nehmen pflegt. Von da an verlieren sich die Juden in
der Dunkelheit finsterer Jahrhunderte, und was alles vor=
gefallen, seitdem das Volk Gottes aus seiner heiligen
Stadt vertrieben worden bis zum heutigen Tag, wo die
Münchener Christenheit ihre siechen Nationalen bei Salo=
mon Rau und J. L. Feuchtwanger in die lebensfrischen
Bonds der amerikanischen Freistaaten umsetzt, das ist den
Meisten ein verschlossenes Buch.

Zu welcher Zeit und auf welchen Wegen die Enkel der
Patriarchen zuerst ins Abendland gekommen, ist mit Sicher=
heit auch nicht mehr zu bestimmen. Auf den sieben Hügeln
an der Tiber waren sie bekanntlich schon zu den Zeiten,
da Horatius seine Leier stimmte, keine fremde Erscheinung
mehr; aber die Judengemeinde zu Regensburg behauptete
sogar: sie habe schon nach der Zerstörung des ersten Tem=
pels zu Jerusalem, d. h. unter Nabuchodonosor, und fünf=
hundert Jahre vor der Geburt des Herrn, ihre Aufnahme
und Ansässigkeit in jener Stadt gefunden, welche damals
Germansheim geheißen. Demgemäß habe sie auch an der
großen Blutschuld, welche die palästinischen Juden durch

die Kreuzigung Christi auf sich geladen, nicht den mindesten Theil. Dessen zur Bestätigung zeigte sie gern einen uralten Brief vor, den ihr einige Geschäftsfreunde zu Jerusalem im Jahr dreiunddreißig nach Christi Geburt als interessante Mittheilung über das große Drama zugesandt. Auch wollte sie ein Stück der steinernen Tafel besitzen, welche Moses am Berg Sinai zerbrochen. Wenn jene vorzeitliche Einwanderung sich in Wahrheit verhielte, so wären die Kinder Abrahams allerdings die ersten kundbaren Bewohner des edlen Bayerlandes, und viel früher gekommen, als die Agilolfinger und ihre Schaaren. Aber leider ist diese Thesis ohne weiteren Grund, vielmehr nur ein sinnreiches Märchen, welches die „schalkhaften" Juden zu ihrer Rettung glücklich ersannen, und zwar 1477, als sie eben von den Christen ermordet werden sollten. Wenn aber die Hebräer von Worms sich rühmten: sie seien schon zu Josua's Zeiten in der Hauptstadt der Nibelungen angekommen, so ist das noch weniger glaubwürdig und würde es auch nicht in höherem Grade, selbst wenn sie etliche Backsteine von Jericho's eingestürzten Mauern mitgebracht und aufgewiesen hätten. Solche Alterthümer, sagt Jost, sind ebenso echt, wie die Flasche voll ägyptischer Finsterniß, die man an einem Orte, und das Stück von der Leiter aus Jakob's Traum, das man anderswo aufbewahrt haben will.

Indessen kann man jene schwindelhaften Anknüpfungen

an Nabuchodonosor und den tapfern Josua immerhin verwerfen und gleichwohl, wie Wilhelm Kiesselbach, die Sage nicht unwahrscheinlich finden, daß bereits vor Christi Geburt in einigen Rhein- und Donaustädten, wie Mainz, Worms, Regensburg, sich Israeliten aufgehalten haben.*)

Um aber wieder zur wahren und beglaubigten Geschichte zurückzukehren, so melden wir, daß die Juden außerhalb Italiens zuerst in Gallien unter den Franken und Gothen erscheinen. Es läßt sich aus allem erkennen, daß damals der alte und der neue Bund ihre Unterschiede noch nicht so scharf hervortreten ließen, denn das Verhältniß der beiderseitigen Bekenner zeigt sich noch von Achtung und Liebe durchweht. Christliche Priester saßen gern an den Tafeln der Juden und luden auch diese wieder in ihre Häuser zu Gaste. Die leidenden Christen auf dem Krankenbette riefen in der Todesnoth, wenn die Reliquien ihrer Heiligen keine Rettung mehr zu bringen schienen, auch die jüdischen Aerzte zu Hülfe und legten ihre Amulette vertrauensvoll auf das Herz. Bischof Hilarius von Arles war den Israeliten so lieb und theuer geworden, daß sie bei seinem Begräbniß (449) in großer Menge sich betheiligten und öffentlich hebräische Psalmen sangen, was uns jetzt viel zu aufgeklärt dünken würde. Auch Sidonius Apollinaris, der Bischof von Clermont, dachte mild von

---

*) Der Gang des Welthandels von W. Kiesselbach, Stuttgart 1860.

den Juden und behandelte mehrere derselben mit großer Freundschaft. Wenn die Freundschaft, nach Cicero, nur unter den Guten bestehen kann, so muß man also annehmen, daß diese Hebräer fast ebenso gut und sittlich gewesen, als der hochverehrte Kirchenhirt. Annoch pflegte auch der Liebesgott seine Pfeile sowohl aus dem christlichen in's jüdische Lager, als umgekehrt zu entsenden und manches glückliche Ehebündniß zu knüpfen, denn solche gemischte Heirathen, obwohl schon von Constantius (um 350) untersagt, mußten noch im sechsten Jahrhundert öfter verboten werden.

Es ist die Frage, ob die Concilien, welche gegen diese Heirathen immer schärfer einschritten, sie nicht lieber hätten begünstigen sollen. In wenigen Jahrhunderten hätte der größere Haufen den kleineren aufgesogen, die Juden wären Christen geworden und die Geschichte unserer Civilisation wäre um etliche scheußliche Blätter ärmer.

Immerhin fehlte es auch damals nicht an allerlei Verfolgungen, sowie an gewaltthätigen Bekehrungsversuchen. Papst Gregor der Große (um 600), der ein gütiger Herr war, ließ daher eine Encyclica in die Welt ausgehen, daß die Juden nur durch Ueberredung und Sanftmuth, nicht durch Gewalt bekehrt werden dürften. Das Christenthum sollte nur moralische Eroberungen machen. Er mahnte seine Bischöfe zu öfternmalen, wenn sie diesen Spruch vergessen zu haben schienen.

Dennoch kam bald darauf in den neuen germanischen Reichen die erste systematische Judenverfolgung vor. König Chilperich von Soissons († 589), ein großer Missethäter, aber gewandter Theolog, welcher Schriften über die Dreieinigkeit und die Menschwerdung Christi verfaßte, nahm es über sich, in diesem Stücke allen christlichen Potentaten der Folgezeit voranzuleuchten. Bald ahmte der obscure Gothenkönig Sisebut in Spanien das gegebene Beispiel nach. Das Volk Gottes wurde, wenn es sich nicht taufen ließ, da und dort davon gejagt, um unter einem milderen Nachfolger, der seine goldene Freundschaft nicht entbehren konnte, wiederum zurückzukehren — ein Schauspiel, das sich mit wenigen Abweichungen das ganze Mittelalter hindurch wiederholte.

Kaiser Karl der Große war den Juden zwar günstiger gesinnt, als alle seine Vorfahren im fränkischen Reich, aber sein Sohn, der fromme Ludwig, übertraf ihn gleichwohl noch an seiner Aufmerksamkeit und zartem Wohlwollen für die orientalischen Gäste. Ein eigener Judenmeister (magister Judaeorum) wachte über ihre Privilegien. Ihnen zuliebe wurden die Wochenmärkte zu Lyon vom Sonnabend auf einen andern Tag verlegt. Von der Geißelstrafe, von den Gottesurtheilen mit Feuer und Wasser sollten sie entbunden sein. Auch als Steuerpächter aufzutreten, ward ihnen freigestellt. Sie handelten damals nicht ungern mit heidnischen Sklaven, wie es später die christlichen Seefahrer auch gethan, und der fromme Kaiser gab ihnen ein eigenes Patent für diesen Verkehr. Selbst manch christliches Mancipium scheint durch ihre Hand gegangen zu sein, obgleich gegen solchen Brauch die Päpste billig eiferten. Zu Verdun in Frankreich hatten sich damals die Christenleute in alterthümlicher Einfalt auf einen Industriezweig verlegt, den jetzt noch die koptischen Klöster in Aegypten betreiben — sie bereiteten nämlich Frauenwächter für den Welthandel. Diese gesuchte Waare verkauften die Israeliten an die Mohammedaner in Spanien, welche sie in ihren Haremen sehr gut verwenden konnten und über alle Maßen bezahlten. Ein glänzendes Geschäft, welches die Männer des alten und des neuen Bundes, die fürderhin immer mehr auseinander gehen sollten, noch viribus unitis zu größtem Vortheil für beide Confessionen in Flor brachten!*)

---

*) Die Notiz stammt aus dem Berichte, welchen Luitprand, später Bischof von Cremona, in seiner Antapodosis (Monumenta Germaniae III S. 338) über die Gesandtschaftsreise giebt, die er im Auftrage König Berengar's von Italien im Jahre 950 nach Konstantinopel unternommen hatte. Er erzählt, wie er da auch Gesandte des König's Otto aus Deutschland und andere aus Spanien getroffen, welche dem Kaiser Konstantinos Porphyrogennetos allerlei Geschenke gebracht. Er dagegen habe von seinem knauserigen Gebieter nur einen Brief, und diesen voller Lügen, zu übergeben gehabt. So sei ihm denn nichts übergeblieben, als die Geschenke, die er dem Kaiser von sich aus bestimmt hatte, als eine Gabe seines Herrn zu überreichen und die kleine Ehrung mit schönen Worten

Frau Judith, die schöne Kaiserin, des frommen Ludwig's Gemahlin, auch sie zeigte, vielleicht aus Rücksicht auf ihre Namenspatronin, eine wunderliche und vielbesprochene Vorliebe für das auserwählte Volk des Herrn. Die Abstammung von Abraham und Isaak — weit über sechszehn Ahnen hinaus — schien ihrem altadeligen Geblüte besonders zu imponiren. Die Karlingischen Geheimräthe lasen — es ist ausdrücklich gesagt — viel lieber in Josephus und Philo, als in Lactantius und Tertullian. Die Palastdamen ließen sich von alten ehrwürdigen Juden gern den Segen geben und Gebete sprechen, schenkten auch deren Frauen die prachtvollsten Gewänder dafür, was damals gerade so viel bedeutete, als jetzt, wenn man sich in's Album schreibt oder Photographien wechselt. Man tafelte und bankettirte zusammen wie in der guten alten Zeit und es scheint ein sehr reger Ideenaustausch stattgefunden zu haben. Manche Christen beobachteten, um nicht irre zu gehen, außer dem Sonntag auch die Sabbathfeier und

---

bestens zu verbrämen. Er habe ihm demnach mehrere Rüstungen, Schilde, Becher u. s. w. zu Füßen gelegt; dazu auch vier carzimasia, imperatori nominatis omnibus preciosiora. Carzimasium autem Graeci vocant puerum eunuchum; quos Verdunenses mercatores ob immensum lucrum facere et in Hispaniam ducere solent. Daß die Juden sich bei dem Handel betheiligt, ist nur eine Vermuthung, allerdings eine sehr wahrscheinliche, des Herrn Depping. Wenn sie sich nicht bestätigen sollte, so müßte man annehmen, daß die Christen auch den Transport und den Absatz in Spanien, somit das ganze nützliche und rühmliche Geschäft allein besorgten.

fanden die rednerischen Vorträge in der Synagoge oft fesselnder, als die des Ortspfarrers in der Kirche. Da und dort wurde den Israeliten sogar erlaubt, neue Synagogen aufzuführen, was doch die Kirche längst verboten hatte. Der judenfreundliche Scandal ward endlich so groß, daß der Bischof Agobard von Lyon mehrere Broschürchen dagegen schreiben mußte. Allmälig und langsam schlossen sich andere hohe Würdenträger der Kirche seinen Bestrebungen an. Als es nach und nach gelungen war, auch das Volk auf diese Seite zu ziehen, bildete sich aber so manche wunderliche Sitte aus. Zu Beziers z. B. in Südfrankreich bestieg der Bischof am Palmsonntag nach altem Brauch die Kanzel und forderte die Christen feierlich auf, für die Kreuzigung des Heilands an den Juden Rache zu nehmen. Hierauf pflegte sich das gläubige Volk mit Steinen zu bewaffnen und die Häuser der Hebräer zu berennen. Es war aber ritterlich genug, den Enkeln Josua's ein gleiches Recht zu vergönnen, so daß diese nicht minder mit Steinen herauswerfen und sich vertheidigen durften. So ging das Kampfspiel mehrere Tage durch die ganze Stadt, hinterließ Wunden und Leichen, aber man hielt es nach dem Geiste der Zeit für ein schönes religiöses Volksfest und gab ihm weiter keine Folgen. Erst im Jahre 1160 — als die Juden zweihundert Solidi erlegt und jährlich am Palmsonntag vier Pfund Silber für Kirchenparamente zu zahlen sich verpflichtet hatten, erließ ihnen der Bischof illum impetum et insultum et lapidationis bellum, quod jure vel injuria more solito solebant Christiani adversus Judaeos hujus villae facere etc.*)

Weniger blutig, aber nicht so ehrenvoll, war das Ceremoniell, welches alle Jahre in der alten und großen Stadt Toulouse begangen wurde. Dort mußte nämlich der Vorsteher der israelitischen Cultusgemeinde am Charfreitag vor den Pforten der Kathedrale erscheinen, um von dem Grafen eine solenne Ohrfeige entgegenzunehmen. Die edlen Herren von Toulouse hatten aber selbst in jenen dunkeln Zeiten so viel Instinkt für Nationalökonomie, daß sie zuletzt dieses todte Kapital in eine Geldleistung umwandeln ließen. (Eine ähnliche Ceremonie wird bekanntlich noch heutiges Tags zu Rom am Charfreitag abgehalten.)

Nach der Zeit der Karolinger lebte „das Geschlecht der Gerechten" in Deutschland still und ordentlich dahin. Seine Beliebtheit in den höchsten Kreisen hatte sich zwar verloren, doch hörte man auch nicht über Bedrückungen klagen. Die erste Judenverfolgung in Deutschland brach nicht früher aus als unter Heinrich dem Heiligen (1012) und scheint sich auf das Gebiet von Mainz beschränkt zu haben. Vielleicht war die Ursache, daß ein Hofcaplan

---

*) — jenen ehrenrührigen Angriff und Steinigungskrieg, den mit Recht oder Unrecht die Christen in gewohnter Weise gegen die Juden dieser Stadt zu unternehmen pflegten.

mit Namen Wecelinus zum Mosaismus übergetreten war. Zu gleicher Zeit wird von einer andern im Morgenland unter den Mohammedanern berichtet. Die deutschen Juden wurden gequält, weil sie nicht an Christus und die Heiligen, die morgenländischen, weil sie nicht an Mohammed glauben mochten. Wenn einer damals verlangte, bei dem Glauben seiner Väter verbleiben zu dürfen, so schien dieß den Christen wie den Heiden eine Bosheit ohne gleichen. Die menschliche Lehre der Toleranz hat erst das „Aufkläricht" unsrer Tage aus dem tiefen Brunnen heraufgeholt, in dem sie Jahrhunderte hindurch verborgen lag. Namentlich die christlichen Barbaren des Mittelalters schwärmten alle für Glaubenseinheit, obgleich man mit einer Religion, wie sie sie übten, jeden edlern Menschen aus unsrer Zeit sieben Mal um die Welt jagen könnte.

Nichts desto weniger fanden damals die Juden selbst unter den deutschen Bischöfen noch gute Freunde und wohlwollende Gönner. Als Herr Rüdiger von Speier im Jahre 1084 das Dorf Altspeier zur Stadt zog, erklärte er, die Ehre dieser Vorstadt tausendfach zu erhöhen, da er in sie auch Juden aufnehme, und ertheilte diesen Rechte und Freiheiten, wie sie sonst in keiner deutschen Stadt genossen, als z. B. ein eigenes ummauertes Stadtviertel, das Recht Grund und Boden zu besitzen, eigenen Friedhof, eigene Gerichtsbarkeit u. s. w.

Ueberhaupt ist anzunehmen, daß der Jude in jenen früheren Zeiten, so lange der Deutsche sich nur auf Ackerbau, Viehzucht und das Kriegshandwerk verlegte, auf den germanischen Maierhöfen jeweils ein gerngesehener Gast war, da er damals den großen und kleinen Handel fast noch allein in Händen hatte und fremde Waaren, Seidenzeuge, Spezereien und die Kostbarkeiten des Morgenlandes hausirend und schachernd durch unsre Wälder trug; als aber die deutschen Städte zu erblühen und wichtiger zu werden, und die Bürger selbst sich dem Handel zu widmen begannen, wurde der Jude immer eifersüchtiger von diesem weggedrängt und den Geldgeschäften d. h. dem Wucher zugetrieben. Von da an wird er den Christen auch immer mehr verhaßt, was er früher gar nicht gewesen war.

Spanien aber, die damals noch so schöne waldschattige hesperische Halbinsel, sollte dem Volke Gottes nunmehr ein zweites Kanaan werden. Wie zu Regensburg prahlten auch die Juden zu Toledo, daß sie schon zu Nabuchodonosor's Zeiten in dieses neue Vaterland eingewandert seien. Einige angesehene Familien, von dem gothischen Ahnenstolz der Spanier mitgezogen, berühmten sich sogar aus dem königlichen Stamme Davids entsprossen zu sein. Ja, so hoch fuhren ihre Gedanken, daß sie selbst die Behauptung wagten: die einwandernden Israeliten hätten eine gute Zahl der spanischen Städte gegründet und ihnen die Namen gegeben, so daß diese nur aus dem Hebräischen zu erklären seien. Allerdings — solange die westgothischen Könige regierten, hatten die Juden wechselnd bald Zuneigung, bald Widerwillen der Herrscher zu befahren, aber als die Araber die Säulen des Hercules gefunden, die Schlacht bei Xeres geschlagen (711) und das Gothenreich zertrümmert hatten, begegneten sich die Kinder Israels und die Söhne Ismaels wieder an den spanischen Meeresküsten, auf den spanischen Hochebenen, erinnerten sich an die alte Wüstenbekanntschaft und schlossen einen neuen Bund, jedoch nicht mehr zu Hilf' und Beistand in blutigen Stammesfehden, sondern zur Veredlung des Geistes und zur Pflege aller freien Künste. Am meisten und höchsten geachtet aber war bei den Israeliten zu allen Zeiten die Auslegung des Gesetzes, und es lag daher ganz in ihrer Art, daß sie zuerst die feinere Gottesgelahrtheit nach der iberischen Halbinsel zu verpflanzen suchten.

Als die alten und berühmten Hochschulen zu Sura und Pumbeditha in Babylonien, damals das Oxford und Cambridge der Juden, untergegangen waren, sammelten sich die Weisen in den spanischen Hauptstädten, vor allen in dem prächtigen Cordova, der größten Stadt des Occidents, deren Ruhm selbst bis in das sächsische Kloster Gandersheim drang, so daß die gelehrte Aebtissin Hroswitha sie in schwungvollen Versen besang. Dort errichteten die Juden ihre Schulen, und nahmen die alten heiligen Studien wieder auf. Israel war nämlich von jeher ein buchstabenfreudiges und gelehrtes Volk, zwar nicht arm an originellen Einfällen und Erzeugnissen, aber doch noch viel mehr das Volk der Commentare. Schon der Talmud, der in Jerusalem und Babylon entstanden, wollte in seinen beiden Theilen, Mischna und Gemara, eigentlich eine ergänzende Auslegung der heiligen Schrift sein, aber er zeigte sich in seinen zweiundzwanzig Foliobänden selbst so voller Räthsel als ob seine Erklärung die Nation auf Aeonen hin beschäftigen sollte. Demgemäß ließ sich auch alsbald das Bedürfniß einer Glosse fühlen, welche jedoch ebenfalls weit entfernt war, alle Zweifel zu verscheuchen, vielmehr die Dunkelheit nur vermehrte. Und so schrieben die tiefsinnigen Schriftgelehrten im Laufe der Jahrhunderte zu jenen Glossen Commentare, zu den Commentaren Exegesen, zu den Exegesen Erläuterungen, und endlich auch noch Interpretationen zu diesen Erläuterungen. Ob der Gegenstand dadurch klarer geworden, blieb aber immer wieder eine Streitfrage, über welche abermals contradictorische Schriften verfaßt wurden, welche neue Glossen, Commentare, Exegesen, Erläuterungen und Interpretationen hervorriefen. Ein jeder dieser Aufheller bemühte sich möglichst dunkel zu schreiben, um der Ehre eines Commentars nicht unwürdig zu erscheinen. Es versteht sich, daß die Gelehrten und die Weisen sich auch nicht immer gut vertrugen, vielmehr Streit und literarische Polemik ebenso häufig vorkamen, als unter den christlichen

Denkern. Auch einige Beispiele von erbitterter Verfolgungssucht, welche zu blutigen Thaten führte, weist eben die Geschichte der spanischen Juden auf.

Jener scholastische Schutt ist wohl der gegenwärtigen Judenschaft ebenso fremd geworden, als die christlichen Spitzfindigkeiten des Mittelalters der jetztlebenden Christenheit, aber man darf immerhin annehmen, daß gerade die beständige und bis in unsere Zeit hereinreichende Beschäftigung mit schwierigen Fragen und Räthseln des Gesetzes, der Eifer sie zu lösen und wieder neue aufzustellen, dem Volk Israels in erblicher Weise jene feine Dialektik, jenen schlagfertigen Witz verliehen habe, welchen wir eben heutzutage an seinen Rechtsgelehrten, Advocaten und öffentlichen Rednern mit Recht zu schätzen wissen.

Die heutigen Urtheile über den Talmud laufen übrigens sehr weit auseinander. Depping nennt ihn eine unzusammenhängende, kindische und abergläubische Sammlung. Andere sprechen mit Hochachtung von der in ihm niedergelegten Weisheit. Dr. M. Sachs*) z. B. rühmt an ihm die Summe geistiger Kraft, scharfsinniger Dialektik, empirischer Beobachtung, das Talent der Combination und das Heuristische der Denk- und Vortragsweise. Wie viel die Ausleger zu thun hatten, kann man übrigens daraus entnehmen, daß manche Gesetzeslehrer behaupteten:

---

*) Die religiöse Poesie der Juden in Spanien, Berlin 1845.

jede Stelle in der Bibel sei siebenzig verschiedener Auslegungen fähig. Einige meinten sogar, wenn man genauer zusehe, so lasse sich jeder Vers sechshundertunddreißigmal erklären. Ganz Israel war wonnevoll versunken in diesen mystischen Wust. „Dasselbe Volk, welches keine Herrscher haben und lieber Jerusalem zerstört sehen, als den Römern gehorchen wollte, trug in seinem Exil geduldig das Joch, das die Schriftgelehrten seinem Geiste auferlegten." Die Germanen haben da vielleicht eher die richtige Mitte zu finden gewußt. Freilich beklagen sich auch unsere Freigeister, daß sie ihre Ansichten über Naturforschung, Schöpfungs- und Erdbildungsgeschichte u. s. w. noch immer mit den Meinungen der alten Kanaaniter in Einklang bringen müssen, wenn sie nicht verketzert werden wollen.

Aber nicht allein im Talmudstudium suchten die Juden der iberischen Halbinsel zu glänzen, sondern auch durch Tüchtigkeit in allen Staatsgeschäften. Die Ministerkrisen in den islamitischen Reichen an den Säulen des Hercules gingen damals leicht und schmerzlos vorüber, namentlich was das Portefeuille der Finanzen betrifft*). Kaum war nämlich eine Lücke entstanden, so war auch schon ein Schriftgelehrter aus dem Volk Abrahams zur Hand, der,

---

*) Selbst Ferdinand der Katholische hatte, trotz der Inquisition, noch einen jüdischen Finanzminister, den berühmten Juda Abrabanel.

mit allen Spielarten der damaligen Geld- und Cabinets-
geschäfte ebenso vertraut als mit Mischna und Gemara,
die ganze Staatsverwaltung übernahm, sie mit Ehrlichkeit,
mit Geschick und Glück entlang führte, und ein reicher,
angesehener Mann wurde, dessen Geist und Hochherzigkeit
arabische wie jüdische Dichter in den Himmel hoben.
Uebrigens fand in letzterem Stück die vollste Gegenseitigkeit statt — wenn nämlich ein damaliger Poet den Minister angesungen hatte, so verlangte die Sitte, daß der
Staatsmann das Lobgedicht in ebenso geistreicher Weise
metrisch erwiederte; — ein Zustand, in den wir uns gar
nicht hineindenken können.

Der feinfühlende Leser wird schon aus diesem einzigen
Zug mit Vergnügen entnehmen, daß damals die Dichtkunst in höchsten Ehren stand. Und in der That sagt auch
Dr. Graetz: „Am meisten galten in Spanien die Lieb-
linge der Musen, die Meister des wohllautenden Sanges
und der geistreichen Rede. Ein gelungenes Gedicht ward
fast noch mehr gefeiert als ein errungener Sieg, und der
Sieg war wieder Gegenstand der Poesie. Jeder Große,
vom Chalifen bis zum letzten Provincial-Emir, war stolz
darauf, Gelehrte und Dichter zu seinen Freunden zu
zählen, und ihnen über die Sorgen für die Lebensbedürf-
nisse hinwegzuhelfen. Die Männer der Wissenschaft und
der Poesie wurden zu hohen Aemtern befördert und mit
den höchsten Staatsinteressen betraut."

Wenn man solche Sätze liest, so glaubt man fast im Maximilianischen Bayern zu sein. Die Aehnlichkeit ist kaum zu verkennen, zumal wenn man bei den Provincial-Emiren an unsere alten Landrichter denkt!

So wetteiferten denn die Israeliten Andalusiens mit den Arabern in den sanften Spielen der Muse, dichteten in ihrer Sprache, wie in der der Herrscher, und ernteten Ehren aller Art.

Es sind aber in der Dichtung jener Zeit, welche der romanischen und der deutschen vorauslief, namentlich Herzenssachen vertreten, in der doppelten Richtung des heiteren Lebensgenusses oder der trüben Nachtgedanken, der Schwärmerei für Ruhm und Unsterblichkeit oder der Ascese und Weltentsagung. Auch des Zweifels schmerzlicher Stachel war schon in manchen Geist gefahren. Insbesondere aber erfreute sich das Liebesgedicht der wärmsten Pflege. Die Juden suchten selbst in der Erotik mit den Arabern zu wetteifern, obgleich letztere gerade hierin außerordentlich und einzig waren — und zwar nicht bloß im Gedicht, sondern auch in der Wirklichkeit, zumal da sie noch als Beduinen unter den Palmen der Wüste gelebt. „Von Alters her stand der Stamm der Usra in dem Rufe die schönsten Mädchen und die verliebtesten Jünglinge hervorzubringen; in einem ihrer Dörfer lagen einst dreißig junge Männer am Sterben, ohne anders krank zu sein, als an hoffnungsloser Liebe"*).

Abulhassan Jehuda Halevi (1105—1145), aus Heine's Romancero bekannt, damals das strahlendste Gestirn am Himmel der Poesie, aber auch tief bewandert im Talmud und in der Weltweisheit, wird von seinen Glaubensgenossen den ersten Größen der Menschheit gleichgestellt. Und der erhabene Maimonides (1135 bis 1204), „der Aristoteles der Juden," der in Aegypten starb, war wenigstens in Spanien zu Cordova geboren.

Aber Talmudstudium, Dichtkunst und Staatsgeschäfte genügten dem strebsamen Geist der spanischen Juden noch immer nicht; auch in der Mathematik, in der Astronomie und Astrologie leisteten sie, Hand in Hand mit den Arabern, das Höchste, was damals in Europa geleistet wurde. Die griechische Philosophie war ihnen gleichfalls schon bekannt geworden und sie studirten den Aristoteles mit Eifer und Verständniß. Was die Arzneikunde betrifft, so war ihr Ruhm vielleicht größer, als ihr Verdienst; aber es ist eine bekannte Thatsache, daß an allen Höfen

---

*) Aus „Poesie und Kunst der Araber in Spanien und Sicilien", von A. F. von Schack. I. S. 27. Von andrer Seite wird uns allerdings mitgetheilt, daß etwas boshaft gesinnte Araber die Liebeskrankheit der Usriten (oder Udhriten) ihrer Engbrüstigkeit zuschrieben, und das Leiden der dreißig berühmten Jünglinge nicht als ein Leiden des Herzens, sondern der Lunge bezeichneten.

des Mittelalters die jüdischen Heilkünstler den Vorrang
hatten. Sie waren Leibärzte bei den karolingischen und
den griechischen Kaisern, wie bei den Chalifen und den
Sultanen, bei den Königen in Spanien, Portugal, Frankreich und England, ja mitunter auch bei den Päpsten.
Die Stadt Frankfurt stellte im vierzehnten Jahrhundert
mehrere hebräische Heilkünstler gegen jährliche Besoldung
an. Auch allerlei deutsche Bischöfe, Pfalzgrafen, Herzöge
werden erwähnt, welche ihre Leibärzte unter den Kindern
Israels auswählten. Im Jahre 1419 erlaubte ein Bischof
von Würzburg der Jüdin Sara in seinem Sprengel überall
die Arzneikunst auszuüben. Im Jahre 1516 beschwerten
sich die Regensburger Bader beim Rathe, daß sie gar
nichts mehr zu thun hätten, weil sich fast alle Leute von
den Juden curiren ließen.

Ein Zeitalter, wo Wissenschaft und Dichtung so hoch
geachtet, gefeiert und belohnt wurden, wie jenes der tole-
ranten Chalifen in Spanien, hat die Welt nicht wieder
gesehen*). Wer nun dazu nimmt, daß die Dichter mit

---

*) Manches Vorkommniß erscheint uns jetzt allerdings etwas
seltsam und wunderlich, wie z. B. folgendes, welches H. von Schack
S. 55 erzählt: „Vergebens sandte Mudschahid, König von Denia,
dem Philologen Abu Galib tausend Goldstücke, sammt einem Roß
und Ehrenkleid, um ihn zu bestimmen, eines seiner Werke ihm zu
dediciren. Der stolze Autor wies das Geschenk zurück, indem er
sagte: „Ich habe mein Buch geschrieben, um den Menschen zu

den Fürsten in den schönen andalusischen Sommernächten beim Mondenschein zusammen kamen, und in den reizenden Gartenhöfen der Paläste auf weiche Polster hingestreckt den Becher kreisen ließen, dabei auch, während der Springbrunnen plätscherte und der laue Nachtwind Blüthenduft heranwehte, Märchen erzählten und sich in improvisirten Versen und schlagfertigen Gegenreden übten, oder die lachenden Gärten voll Orangenduft, die rinnenden Bäche mit lorbeerumkränzten Ufern, mittägliches Rasten unter den Schattendächern des Granathains und nächtliche Lustfahrten auf dem Guadalquivir besangen*) — wer dieß zusammenfaßt, der wird's einem bajuvarischen Dichter, der einsam und verlassen gen Mittersendling hinauspilgert und die Groschen zusammenzählt, die ihm — a penny a line — eine wohlwollende Redaction für sein letztes Ghasel bescheerte, nicht übel nehmen, wenn er in den Ruf ausbricht: „Es gab denn doch schon schönere Zeiten!"

Wenn wir aber von der hohen Milde, welche die arabischen Fürsten dem Volk Israels angedeihen

---

nützen und mich unsterblich zu machen, und nun sollte ich es mit einem fremden Namen schmücken und ihm den Ruhm zuwenden? Nimmermehr!" Als dem König diese Antwort Galibs hinterbracht wurde, bewunderte er dessen Seelengröße und sandte ihm ein doppelt so großes Geschenk." Das erwähnte Buch ist übrigens voll von ähnlichen Zügen.

*) Nach dem angeführten Buche, S. 84 und 97.

ließen*), und von dem hohen Geistesflug, den dieses dabei genommen, unsere Augen wegwenden, um sie auf die Zustände der Juden in den christlichen Staaten diesseits der Pyrenäen zu werfen, so begegnen uns leider ganz andere Bilder — Bilder der Habsucht, der Rohheit und des Blutdurstes.

Ehe wir aber diese Bilder aufrollen, noch ein paar Worte über die Zustände der Juden selbst. Was zunächst Deutschland betrifft, so bildete die Judenschaft in den meisten Städten eine eigene Gemeinde, die unter selbsterwählter Obrigkeit stand. Der Vorsteher hieß der Judenmeister oder auch der Judenbischof. Letzterer hatte einen Rath zur Seite, welchen man das Capitel nannte. Die Rechtshändel, die sie unter sich hatten, entschied allenthalben der Judenmeister nach jüdischen Rechten.

In Betreff der Sitten meinen die Geschichtschreiber aus dem Volk Israel, daß eine vergleichende Betrachtung der beiderseitigen Moralität keineswegs zum Nachtheil der Juden ausfallen würde. Diese beobachteten, sagen sie, mit Gewissenhaftigkeit die zehn Gebote, und scheuten nichts

---

*) Uebrigens erfuhren die Juden auch in den christlichen Königreichen der Halbinsel und unter den kleinen Fürsten des südlichen Frankreichs, wenigstens bis ins dreizehnte Jahrhundert, eine sehr menschliche Behandlung. S. Die Juden in Navarra, den Baskenländern und auf den Balearen von Dr. M. Kayserling, Berlin 1861.

so sehr, als einen falschen Eid. Es fanden sich unter ihnen keine Ehebrecher, keine Räuber, keine Mörder, während christliche Wegelagerer damals alle Straßen unsicher machten. Die jüdischen Kinder wurden in Demuth und Gottesfurcht erzogen; die Frauen und Mädchen saßen züchtiglich zu Hause und führten einen erbaulichen Lebenswandel, was man von ihren Schwestern in Christo, soferne man den Minnesingern und andern Verräthern glauben darf, nicht so sicher behaupten kann. Ueberdieß übten die Juden brüderliche Gastfreundschaft, lösten ihre Gefangenen aus, speisten die Hungrigen und scheuten in ihren gegenseitigen Nöthen keine Selbstverläugnung und keine Opfer.

Den jüdischen Rabbi damaliger Zeit — den Hoch- oder Judenmeister — darf man sich wohl als ein verknöchertes, in talmudistische und kabbalistische Träumereien verlorenes Männchen denken, welches ganze Abhandlungen über die Frage schreiben konnte: ob es Gott wohlgefälliger sei, wenn man die Hände wasche, ehe man das Haus auskehre, oder ob es Jehovah vorziehe, wenn man erst das Haus auskehre und dann die Hände wasche — ein Männchen, dem die Meditationen über einen Sabbathsbraht viele schlaflose Nächte machen konnten; aber dieser träumerische Hochmeister war in der Regel ein Mann von lautern, strengen Sitten, welche man bei dem christlichen Klerus des Mittelalters um so weniger findet, als dieser sich bekanntlich einer namhaften Ausgelassenheit ergab*).

In ihren bürgerlichen Beschäftigungen hatten die Juden wenig freie Wahl. Daß sie sich nicht auf das Handwerk verlegten, meint Jost, sei leicht zu erklären, weil dieses früher nur den Leibeigenen überlassen war, und später, als die Zünfte aufkamen, den Ungläubigen der Eintritt nicht gestattet wurde. Dem Landbau sich zu widmen

---

*) Herr Dr. Grätz erlaubt sich bei solcher Gelegenheit (Bd. VIII, 55) folgende unliebsame Citate und Betrachtungen:

„Die Wahrheit ist an den päpstlichen Höfen zum Wahnsinn geworden," sagt der Dichter Petrarca, welcher diese Laster mit eigenen Augen sah. „Die Enthaltsamkeit gilt da als Bauernhaftigkeit, die Schamhaftigkeit als Schmach. Je befleckter und verworfener Einer ist, desto berühmter ist er. Ich spreche nicht von Unzucht, Frauenraub, Blutschande, Ehebruch, welche für die Geilheit der Geistlichen nur noch Kleinigkeiten sind. Ich spreche auch nicht davon, daß die Ehemänner wegen der ihnen entführten Frauen in die Verbannung geschickt werden. Der Schändlichkeiten höchste ist, wenn Ehemänner genothzüchtigter Frauen von den Geistlichen gezwungen werden, sie während der Schwangerschaft in's Haus zu nehmen und nach der Entbindung dem ehebrecherischen Bette wieder zurückzuliefern. Das Alles habe ich nicht allein gesehen und erfahren, sondern es ist dem Volke bekannt, obwohl es schweigt und zwar mehr aus Widerwillen, als aus Furcht schweigt". Ein anderer Zeitgenosse, der französische Theologe Nicolaus von Clemangis, schildert den Verfall der Kirche jener Zeit in einer wahrhaft grauenerregenden Färbung. „Jedes Vergehen, jeder Irrthum, ja jede Missethat, selbst die allergräßlichste, wird für Geld erlassen, entschuldigt und aufgehoben. Was soll ich viel von den Capiteln und andern Geistlichen sprechen, da ich es mit Einem Worte sagen kann. Gleich den

war ihnen ebenso erschwert, theils weil sie in vielen Ländern liegende Güter nicht erwerben durften, theils weil ihnen die Concilien verboten hatten, christliche Dienstboten zu halten, theils weil der Aufenthalt einzelner jüdischer Gutsbesitzer mitten unter dem germanischen Bauernvolk mit eigenen Unannehmlichkeiten verbunden sein mochte. Um weltliche Würden und Ehren zu werben war dem Volke Davids auch versagt, und so blieb ihm nichts

---

Bischöfen sind auch die Weltgeistlichen unwissend, ämterschachernd, habgierig, ehrgeizig, neidisch, spürnäsig und dazu gefräßig, wollüstig, geil, und leben mit den eigenen Bastardtöchtern, wie mit Frauen im Hause". Die frechen Angriffe der Geistlichen auf die Ehrbarkeit der Frauen und auf die Keuschheit der Jungfrauen gingen so weit, daß viele Gemeinden darauf bestanden, nur solche Geistliche zuzulassen, welche eigene Concubinen im Hause hielten. Von den Nonnenklöstern sprach man damals nicht anders, als wie von Schandhäusern. Innerhalb der Klostermauern wurden die allerscheuslichsten Laster mit einer Art Oeffentlichkeit getrieben, nicht bloß Unzucht und Blutschande, sondern auch Kindermord. Und diese schandbaren Vertreter der Kirche beanspruchten die höchste Verehrung! Die Gegenpäpste in Rom und Avignon, welche einander der gröbsten Laster mit und ohne Uebertreibung beschuldigten, verlangten nichts besto weniger jeder für sich göttliche Verehrung durch Kniebeugung. Es war natürlich, daß die Geistlichen die Laienwelt mit dem Pesthauch ihrer bodenlosen Unsittlichkeit und Verworfenheit ansteckten und befleckten. Und diese entartete, entmenschte, tiefgesunkene christliche Welt durfte sich herausnehmen, die keusche, sittenreine, gottergebene Synagoge als eine verworfene, gottverfluchte zu behandeln? Rohe Gesellen und Wüstlinge sprachen den Juden, die ihnen in Allem, mit Ausnahme von raubritterlicher Tugend und Lasterhaftigkeit überlegen waren, jedes Menschenrecht ab!"

anderes übrig, als sich auf Schacher und Wucher zu verlegen, und bei Hoch und Nieder, bei Klerikern und Laien in Geldnöthen Rath und Hülfe zu schaffen. Doch sei dies in den frühesten Zeiten noch mit sehr viel Anstand und Mäßigung geschehen, denn das Concilium von Elliberis in Spanien z. B. (305) habe zwar für nöthig erachtet, den Geistlichen die Wucherei zu verbieten, den Juden aber, mit denen es sich doch hauptsächlich beschäftigt, diese Untugend gar nicht vorgeworfen.

Wie dem auch sei, in Deutschland hatte sich damals der große Haufe der Israeliten auf das Geldgeschäft, auf Darlehen gegen Pfänder geworfen, und kümmerte sich wenig um ideale Interessen, obgleich in Mainz, in Worms, in Rothenburg hochgeachtete Schriftgelehrte und berühmte Schulen blühten. Auf jenem Feld ist aber auch der Fang immerdar sehr gesegnet gewesen. Klingende Münze war nämlich im Mittelalter ein ungemein gesuchter Artikel. Wenn sich derselbe auch in den großen Handelsstädten mitunter etwas staute, so herrschte doch auf dem flachen Lande jahraus jahrein der bitterste Geldmangel. Auch ganz wackere und berühmte Fürsten waren zuweilen so abgebrannt, wie jetzt nur noch ein leichtsinniger Bruder Studio zu sein pflegt. So schrieb einmal Kaiser Ludwig's Sohn, Markgraf Ludwig von Brandenburg, sonst ein reputirlicher Herr, von Ingolstadt aus einen freundlichen Schreibebrief an die Münchener Judenschaft: sie möchte ihm doch seinen Gaul, den er beim

Kappler oder Kaltenegger für Zehrung als Pfand gelassen, in ihrer Güte auslösen und gen Ingolstadt schicken*). Auf seine immergetreuen christlichen Großbrauer, Juweliere, Apotheker, Specereihändler u. s. w. scheint er also nicht so viel Verlaß gehabt zu haben, als auf die „schalkhaften" Juden, und wer weiß, wenn ein heutiger Prinz in dieselbe Verlegenheit geriethe, ob er nicht auch den Fußstapfen seines erlauchten Ahnen folgen würde. Die Herren und Ritter, denen die Hörigen ihre Abgaben nur in Getreide und andern Naturalien lieferten, hatten oft wochenlang keinen Pfennig in der Truhe. So lange sie nun in ihren Burgen einer edeln Muße pflogen, war dieser Umstand nicht so empfindlich; wenn es aber zu einem Kriegszug, zu einer Römerreise oder Meerfahrt kam, halfen natürlich die gefüllten Speicher, die vollen Ställe und der reichbesetzte Hühnerhof nicht aus, denn der niederbayerische Ritter z. B. konnte seine Zeche „im schwarzen Walfisch zu Ascalon" nicht mit einem Straubinger Weizensack bezahlen.

In solchen Fällen war dann der Jude ein sehr willkommener Nothhelfer, und der edelste Herr verpfändete willig all seine Kleinodien und was er sonst noch hatte, um etliche hundert Byzantiner aufzutreiben. Kaiser Lud=

---

*) Regesten zur Geschichte der Juden in Deutschland ꝛc. Von Dr. M. Wiener. I. 126.

wig der Bayer versetzte einmal die ganze Stadt München, d. h. alle ihre Einkünfte, den Augsburger Juden. Der Pariser Student schrieb schon im dreizehnten Jahrhundert an seinen „Alten" in Deutschland, wenn er nicht bald Geld schicke, so werde er zu den Hebräern gehen und dieses gegen Wucherzinsen aufnehmen. Auch Bischöfe und Aebte versetzten in solchem Drange Inful und Stab, Kelche und Meßgewänder, und die Juden gingen nicht ungern auf diese Geschäfte ein, obgleich sie sehr scharf verboten waren und an ihnen — nicht an jenen — oft sehr streng geahndet wurden. Zwanzig und fünfundzwanzig Procent nahmen aber damals selbst die solidesten Christenhäuser, vierzig Procent (bei kleineren Darlehen sogar sechsundachtzig) waren den Juden erlaubt, ungefähr ebensoviel, als eine gewisse Gattung „Privatiere" in München heute noch zu erheben pflegt*). Uebrigens scheint es solche Privatiere auch schon damals gegeben zu haben, denn der heilige Bernhard von Clairvaux, das Orakel des zweiten Kreuzzuges, stimmt die laute Klage an: daß, wo keine Juden seien, die Christen noch schlimmer wucherten als jene. In Deutschland beherrschten übrigens die Kinder Israels den Markt fast ausschließlich, denn die Christen, welche Gott vor Augen hatten, hielten sich doch mehr oder weniger an das kirchliche Gebot, von

---

*) Man zahlte damals die Zinsen wöchentlich, also z. B. von einem Pfund Pfennige zu 240 Stück jede Woche einen bis vier Pfennige, wornach die Sache allerdings etwas menschlicher aussah.

ausgeliehenen Geldern keine Zinsen zu nehmen. In Italien dagegen wollten die Söhne Jacobs nie so recht fröhlich gedeihen, obgleich sie hin und wieder auch die Schatzmeister der Päpste waren, aus dem einfachen Grunde, weil die christlichen Italiener für Schacher, Wucher und Profit eine so übernatürliche Anlage hatten, daß die Juden sie immer als ihre Lehrmeister betrachten konnten. Aus den ungeschlachten Longobarden hatten sich nämlich im Laufe der Zeiten feine verschmitzte Lombarden herausgebildet, welche namentlich in Frankreich als Geldwechsler und Wucherer bald einen großen Namen erwarben, zugleich mit den Caorsen, Gawertschen, Gawatschen (von denen noch das Kaufhaus in Lindau den Namen hat), auch einer Sorte von hausirenden Geschäftsleuten, deren Geburtsort Dante mit Sodoma in eine Reihe stellt (Sodoma e Caorsa, elfter Gesang der Hölle). Wo dieser Geburtsort aber eigentlich gelegen, darüber liegen Italien und Frankreich noch im Streit, sintemalen ihn die italienischen Geschichtschreiber in der französischen Stadt Cahors, die französischen Forscher in dem piemontesischen Städtchen Cavora, Cavour (berühmten Namens) zu finden glauben[*]. Die Caorsiner, die Lombarden und die Israeliten traten übrigens öfter zu Handelsgesellschaften zusammen und diesen

---

[*] Am Ende werden doch die Italiener Recht behalten. S. Diez, Etymologisches Wörterbuch der romanischen Sprachen II. 242. u. Deutsches Wörterbuch von J. u. W. Grimm V. 373.

übertrug der päpstliche Stuhl mit Vorliebe die Beitreibung seiner Einkünfte in Frankreich und in England, wie denn überhaupt die Statthalter Christi persönlich mit den Juden fast immer auf leidlichem Fuße standen, und sie namentlich in ihrem Fürstenthum Avignon ganz unbehelligt ließen.

Es ist richtig, daß die Christen damals nicht nach Jerusalem gekommen wären, wenn die Juden nicht das Geld dazu hergegeben hätten, aber andererseits wird man auch einräumen, daß eine Aushülfe zu vierzig und mehr Procenten, Zins auf Zinsen gerechnet, in den Schuldnern keine besonders dankbare Stimmung erwecken konnte. Wenn wir aber damit begreiflich machen wollen, daß die Hebräer allenthalben unbeliebt zu werden anfingen, so soll darin gleichwohl nicht der Schein einer Entschuldigung für die furchtbaren Gräuel liegen, welche wir nun zu erzählen haben.

———

Wir stehen also am Anfang der Kreuzzüge. Es ist bekannt, daß sich an die gottbegeisterten Helden, welche das heilige Grab befreien wollten, in noch größeren Horden das liederlichste Gesindel anschloß, das je einen Knüppel getragen. Die ersten Schwärme solcher Art kamen aus

England, Frankreich, Flandern und Lothringen an den Rhein. Als sie dort die zahlreichen und wohlhabenden Judengemeinden gewahrten, besannen sie sich nicht lange, sondern sprachen: „Wie? warum sollen wir denn den Kampf gegen die Ungläubigen erst im heißen Syrien beginnen? Sind die Juden hier am Rhein nicht ebenso die Todfeinde unsers Herrn? Sieh, das Gute liegt so nah! Laßt uns einmal diese Rotte vertilgen, und dann erst das Kreuz wieder weiter tragen. Gott will es!"

So stürzte sich denn die heilige Schaar zuerst auf die Juden zu Speier. Ihrer zehn wurden ergriffen und, da sie ihren Glauben nicht abschwören wollten, in der Kirche hingeschlachtet; ein guter Theil aber flüchtete in den Hof des Bischofs, der sie schützte und nachher etliche der Verfolger hinrichten ließ — pecunia Judaeorum conductus, sagt der Mönch, der es erzählt, „weil er von dem Geld der Juden bestochen war" — denn nach dem Geiste der Zeit war nicht vorauszusetzen, daß sich Jemand aus Menschlichkeit und Erbarmen um die gepeinigten Mitmenschen annehmen sollte, und wenn es wirklich geschah, wenn Päpste, Kaiser, Fürsten, Bischöfe einer edleren Regung folgten, so schien ihr Handeln gleichwohl so unbegreiflich, daß man es nur auf jene Weise zu erklären wußte.

Zur selben Zeit begann auch das Gemetzel zu Worms. Ein Theil der Gemeinde ward erschlagen; die übrigen suchten, wie die zu Speier, Schutz unter dem Dache des

Bischofs. Dieser, minder gnädig als sein Amtsbruder, versprach ihnen Rettung, wenn sie sich taufen ließen. Aber die Juden, den Vorschlag ablehnend, brachten sich alle selbst um's Leben. Als die Kreuzzügler in den Palast einbrachen, fanden sie nur die Leichen, die in ihrem Blute schwammen.

Dieselbe schauerliche Tragödie in Mainz! Die Juden flohen zu Bischof Rudhart, und übergaben seiner Treue alle ihre Schätze. Der Kirchenfürst räumte ihnen dagegen den weitläufigen Söller seiner Hofburg ein. Das Gesindel aber, diesen Schirm nicht achtend, fiel über die Schutzbefohlenen mit Lanzen und Pfeilen her, und tödtete deren siebenhundert, da ihre Vertheidigung gegen so viele Tausende fruchtlos blieb. Als die Juden sahen, sagt der zeitgenössische Aufzeichner, daß die Christen sie und ihre Kleinen umbringen und kein Alter verschonen wollten, stürzten sie auf ihre Brüder und ihre Söhne, auf Mütter, Schwestern und Töchter, und tödteten sich alle in gegenseitigem Morden. Damals behaupteten viele, der Erzbischof habe die Schätze der Umgekommenen zum großen Theile sich selbst zugeeignet.

Die Selbstermordung wird aber von jetzt an stehendes Phänomen. „Die Mutter," sagt ein hebräisches Klagelied aus damaliger Zeit, „die Mutter bindet ihre Kinder, der Vater schärft das Messer, spricht den Opfersegen und schlachtet sie." Mitunter schlachtete der Rabbi die ganze

Gemeinde. Es kommt nur noch hinzu, daß die Juden öfter, um ihre Leichname vor Verunehrung zu bewahren, auch ihre Häuser und die Synagogen in Brand steckten, in denen das blutige Trauerspiel vor sich gegangen. Manchmal griff das Feuer weiter um sich, und that selbst den christlichen Nachbarn Schaden, was diese sehr indiscret fanden, ja für eine teuflische Bosheit erklärten. Andrerseits ist's aber begreiflich, daß die Juden auch ihre Märtyrer namentlich aufzählen und von ihnen mit derselben Verehrung sprechen, wie die Christen von den ihrigen. Ihre Marthrologien sind zum Theil noch aufbewahrt, und wenn sie vollständig wären, würden sie kaum weniger Blutzeugen aufführen, als die des neuen Bundes.

Zu Köln am Rhein hatte der Erzbischof seine Juden, um sie den Kreuzzüglern aus den Augen zu rücken, auf sieben Dörfer in der Nachbarschaft vertheilt. Allein die Wallbrüder fanden ihre Spur, zogen gewappnet hinaus, und mordeten alle sieben Dörfer durch. Der Vorgang, obgleich jetzt alt und längst vergessen, erinnert an die Septembriseurs im Jahre 1792. Man glaubt zu bemerken, daß die Religion ebenso gut ihre blutigen Orgien habe, wie der Despotismus und die Revolution. Es werden der letztern — mit Recht — noch immer die Opfer vorgezählt, die einst unter der Guillotine fielen, obgleich sich das Blut, das diese vergoß, zu jenem, das in den Ketzerkriegen, unter der Inquisition und in den Judenmorden floß, doch nur verhält, wie ein Wiesenbächlein zum Donaustrom. Dies wäre namentlich in Tirol zu beherzigen, wo man jeden Tropfen Bluts, der je in die Weltgeschichte fiel, den Freimaurern aufrechnet. Von den Gestaden des Rheins her verbreitete sich die Verfolgung übrigens auch nach den oberen Ländern, nach Böhmen u. s. w. Alles zusammengenommen, sollen damals in Deutschland zwölftausend Juden umgekommen sein, theils durch eigene Hand, theils unter den Händen der Christen. Die Bürger der Rheinstädte haben sich übrigens an diesem Gemetzel nicht betheiligt, ja die Kölner verbargen ihre jüdischen Insassen mehrere Tage in ihren eigenen Häusern. Der Gräuel wird nur den fremden Horden zugeschrieben, welche nachher in Ungarn, zum Heil der Menschheit, elendiglich untergingen.

In denselben Jahren taucht ein blutiges Gespenst auf, das die Juden bis in die neueste Zeit von Gibraltar bis nach Polen hin und von da bis in den Orient verfolgte. Wer erinnert sich nicht an die gräuelvolle Geschichte, die sich noch im Jahre 1840 zu Damascus begab, wo sie beschuldigt wurden, sie hätten einen alten Capuziner, den Pater Thomas, der plötzlich im Judenviertel verschwunden war, als Christenkind zum Opferfest geschlachtet? Ein junger Jude und ein sechzigjähriger Greis, welche den Pater zum letzten Male an einem andern Orte gesehen haben wollten, wurden dafür mit Ruthen gezüchtigt, bis sie den Geist aufgaben. Sieben der reichsten und angesehensten jüdischen

Hausväter wurden eingezogen und mit echt mittelalterlich-christlicher Grausamkeit den schrecklichsten Qualen unterworfen. Man gab Bastonaden bis zu hundert Streichen, man stieß ihnen glühendes Eisen durch das Fleisch u. s. w. Zwei der Gefolterten starben unter diesen Leiden. Die übrigen wurden, nachdem sie endlich freigelassen, von den redlichen Muselmännern, als unschuldige Opfer, mit Jubel begrüßt. Der französische Consul Graf Ratti=Menton gab damals Anlaß zu den schwersten Vorwürfen. Der ägyptische Statthalter, Scherif Pascha zu Damascus, verfuhr mit solcher Habsucht und Grausamkeit, daß er verdiente, ein Dominicaner zu sein. Die deutsche Presse ließ in diesem Falle auch nicht allenthalben erkennen, daß sie ein Organ der „Nation von Denkern" sei. In Augsburg namentlich erschien eine „populäre" Schmähschrift gegen die Juden, die eben so gut zu Deggendorf Anno 1337 geschrieben sein konnte *).

Zu Blois in Frankreich aber kam es 1171 vielleicht zum ersten Male vor, daß man die Hebräer bezüchtigte: sie hätten zur Osterfeier Christenblut nöthig, und pflegten sich dieses durch Ermordung christlicher Kinder zu verschaffen.

---

*) S. Der neue Pitaval. I. S. 208. Insbesondere aber: Damascia. Die Judenverfolgung zu Damascus ꝛc. von L. H. Löwenstein. Rödelheim 1840. Diese Schrift giebt sehr gute Nachweisungen über den Ursprung des Wahns, als bedienten sich die Juden des Menschenblutes bei rituellen Ceremonien.

Darüber war später noch viel die Rede, aber die Gelehrten kamen der Sache nie recht auf den Grund. Kaiser Friedrich II. ließ einmal viele weise Männer zusammenkommen und legte ihnen die Frage vor, ob jene Nachrede gegründet sei oder nicht. Sei es so, so würde er's alle Juden des Reichs empfinden lassen. Die Weisen erklärten aber, man wisse nichts Bestimmtes über den Gegenstand, und nachdem der Hort der Christenheit von den Kindern Israels eine ansehnliche Summe Geldes erhalten hatte, ließ er die Sache wieder fallen. Auf der Folter gaben jene zwar in den folgenden Zeiten allerlei Auskunft, allein, da an der Sache nichts Wahres ist, so stimmen ihre Mittheilungen auch nicht zusammen. Einer gestand einmal, daß alle Juden je zu sieben Jahren Christenblut haben müßten. Ein Anderer gab an, daß sie sich jedes Jahr damit bestrichen. „Sie nement, heißt es weiter, daz blut uff die zungen und schluckend daz zu fristung irs libes und besunder umb des willen, daz sü nit stinkent, wand wenn sü des blutes nit hettent, so würdent sü stinken, das niemand bei inen bliben möchte." Ein Dritter erklärte, alle Juden brauchten Christenblut; doch sei nur das Blut von einem Knaben unter dreizehn Jahren tauglich. Ein Vierter sagte aus, sie genössen es zu Ostern, sowie vor Zeiten das Osterlamm. Außerdem, behauptete derselbe, börrten sie es auch, stießen es zu Pulver und säten es früh „uff ein towe (Thau)." Dann käme in drei bis vier Wochen ein Sterben für Vieh und Menschen, eine halbe Meile weit; in dieser Zeit hielten sie sich in ihren Häusern. "Aber an großen töden, die das Land durchgant, habent sü nit schuld" *). Später entstand die Fabel, daß die Kinder der Judenfrauen, wenn sie zur Welt kämen, zwei Finger an die Stirn geheftet hätten, welche nur durch Christenblut abgelöst werden könnten, was der gelehrte Doctor Johannes Eck, ein großes Licht der Ingolstädter Hochschule, noch 1542 glaubte.

Also zu Blois in Frankreich wollte ein Reitknecht gesehen haben, wie ein Jude ein ermordetes Christenkind in's Wasser werfe. Graf Theobald von Blois war nicht unangenehm berührt, fand die Angabe sehr verdienstlich und ließ einunddreißig Opfer, darunter siebenzehn Frauen, auf einem Scheiterhaufen verbrennen. Um nichts halb zu thun, war der Graf gerade des Willens, auch noch die übrigen Juden seines Gebiets dem Tode zu weihen, doch besänftigte ihn ein Lösegeld von tausend Pfunden, das ihm ein reicher Hebräer dargebracht.

Bald darauf, 1180, fand sich Philipp August, der König von Frankreich, in Geldnöthen, und ließ daher sämmtliche Juden seines damals noch sehr kleinen Landes am Sabbath, während sie dem Gottesdienst oblagen, einfangen und in den Kerker werfen. Israel that aber die Hand auf, und ranzionirte sich mit fünfzehntausend Mark Silber.

---

*) So bei Stobbe, S. 288.

Da dies gelungen war, so erklärte der König auch alle Schuldbriefe, welche die Christen den Juden ausgestellt für erloschen, jedoch so, daß die Schuldner den fünften Theil des Betrags zu seinen Handen einzahlen mußten. Im nächsten Jahre endlich befahl er, daß alle Hebräer binnen drei Monaten das Reich verlassen und ihre liegenden Güter der königlichen Schatzkammer verfallen sein sollten. Als Grund war angegeben, daß sie sich des Christenbluts nicht enthalten wollten. Grafen, Barone und Bischöfe protestirten dagegen, aber es half nichts. Israel zog weinend aus dem Lande, und mußte es eben leiden. — Es vergingen aber nur etliche Jahre, und der König rief die Vertriebenen wieder freundbrüderlich zurück, und räumte ihnen gegen ausgiebige Ergötzlichkeit mehr Vortheile ein, als sie vorher genossen.

Auch in England gingen damals die größten Gräuel vor sich. An dem Tage, da sich König Richard Löwenherz zu London krönen ließ, fiel der Pöbel über die reichen Juden her und schlachtete deren eine große Zahl. Als der Landesherr nach Palästina abgesegelt, fingen aber die zurückgebliebenen Kreuzzügler die Metzeleien von neuem an. Namentlich wird von den Juden zu York erzählt, wie sie sich in das königliche Schloß zu retten suchten, darin belagert und ausgehungert wurden, zuletzt sich selbst den Tod gaben und Feuer an die Burg legten. Ein kleiner todesscheuer Theil wollte sich friedlich übergeben und taufen laffen, wurde aber von den einstürmenden Belagerern ohne Erbarmen niedergehauen. So kamen im Ganzen fünfhundert Israeliten um das Leben.

Um die Aufzählung dieser Blutthaten auch einmal mit einer freundlichen Erinnerung zu unterbrechen, wollen wir hier Meisters Süßkind von Trimberg gedenken, der ein Jude und Arzt, aber zugleich auch deutscher Minnesinger war. Er lebte an den Ufern der fränkischen Saale, in der Weise jener ritterlichen Dichterseelen, die an den Höfen herumlungerten und, anders als in Spanien, über eigene Noth und der Fürsten Kargheit klagten. Unter seinen Gedichten findet sich neben anderm auch eine „Tugendblatwerge". Er mag eine Zeit lang bei den fränkischen Herren und Rittern seine guten Tage, später aber auch Zurücksetzung und Mißachtung erlebt haben, so daß er sich vornahm, der Dichtkunst ganz Valet zu sagen. Um ferner Niemanden zu ärgern, gedachte er sich auch einen langen Bart mit grauen Haaren wachsen zu lassen, wie ein alter Jude in langem Mantel, tief unter einem Hut demüthiglich einherzugehen und die Höfe der Herren, welche ihm doch nichts geben wollten, für immer zu meiden*).

Papst Innocenz III. hatte keinen Gefallen an den Kindern Israels. Nachdem die Albigenser mit Feuer und

---

*) Mehreres über diesen Dichter in Holland's Geschichte der altdeutschen Dichtkunst in Bayern. Regensburg, 1862. S. 493.

Schwert vertilgt waren, schienen die Juden der einzige
Schandfleck auf dem damals so reinen Hermelin der Chri-
stenheit. Sie gänzlich auszurotten war aber keine Hoffnung
mehr, und so glaubte man denn, nach der Lehre damaliger
Kirchenlichter, eine Pflicht zu erfüllen, wenn man ihnen
das Leben möglichst sauer machte. Darum verordnete ein
Concilium zu Rom unter allerlei anderm: es seien die
Juden künftighin nicht allein von allen Aemtern, Ehren
und Würden auszuschließen, sondern auch verbunden, am
Rock oder auf dem Hut ein Abzeichen, ein Stück gelbes
Tuch, den „Judenflecken", zu führen. In Frankreich fand
man ein Horn in den Haaren zu tragen für geeigneter;
anderswo andere Merkmale. Ueber die Wirkung dieses
Abzeichens und die dadurch vollzogene Aussonderung der
Israeliten von der übrigen Menschheit bemerkt Herr
Dr. Graetz: „Das Judenzeichen war eine Aufforderung
für die Gassenjungen, die Träger zu verhöhnen und mit
Koth zu bewerfen; es war ein Wink für den verdummten
Pöbel, über sie herzufallen, sie zu mißhandeln oder gar zu
tödten; es war selbst für die höheren Stände eine Gelegenheit, sie als Auswürflinge der Menschheit zu betrachten,
sie zu brandschatzen oder des Landes zu verweisen. Noch
schlimmer, als diese Entehrung nach außen war die Wirkung des Abzeichens auf die Juden selbst. Sie gewöhnten
sich nach und nach an ihre demüthige Stellung, und verloren das Selbstgefühl und die Selbstachtung. Sie ver-

nachlässigten ihr äußeres Auftreten, da sie doch einmal eine
verachtete, ehrlose Kaste sein sollten, die auch nicht im Ent=
ferntesten auf Ehre Anspruch machen dürfte. Sie verwahr=
losten nach und nach ihre Sprache, da sie doch zu gebildeten
Kreisen keinen Zutritt erlangen und unter einander sich
auch durch Kauderwälsch verständlich machen konnten. Sie
büßten damit Schönheitssinn und Geschmack ein, und wur=
den nach und nach theilweise so verächtlich, wie es ihre
Feinde wünschten."

Es würde aber zu weit führen, wenn wir hier alle die
Metzeleien aufzählen wollten, welche in den nächsten Zeiten
über das arme Volk verhängt wurden. Das Gerücht, daß
es Christenkinder geschlachtet habe, erscholl immer häufiger
und gab immer Anlaß zur Ermordung, nicht allein
der fälschlich Beschuldigten, sondern auch der Juden=
schaft auf und ab im ganzen Gau. Es versteht sich von
selbst, daß bei solchen Gelegenheiten von der Habe der
Ermordeten nicht ein Heller an die rechtmäßigen Erben
kam. Wenn sie nicht ein Höherer an sich riß, so behielten
sie die Niedern, die den Mordanschlag ausgeführt. Von
den Schuldforderungen der Todten war natürlich auch
nicht mehr die Rede. Judenerschlagen war daher wie eine
Art Schatzgraben, nur daß der Erfolg immer sicher war.
Das ist eigentlich der Humor der Geschichte! Nur hie und
da, wenn die Schandthaten zu himmelschreiend, traten die
Landesherren als Richter auf, und verurtheilten die

Urheber in Geldbußen, die sie aber selbst einzogen. Sehr selten, daß auch die Juden eine Entschädigung erhielten. Das war die Ehrlichkeit, die Biederkeit, die Romantik des Mittelalters.

Solche Vorfälle aber bewogen endlich die Gemeinden in Deutschland den Papst Innocenz IV. bittlich zu ersuchen: er möge darüber doch ein vernünftiges Wort in die Welt gehen lassen. Der Papst lebte damals in Haber mit Kaiser Friedrich II. fast als Flüchtling zu Lyon, brauchte viel Geld und war dem Hause Jacobs wahrscheinlich schon für manche Gefälligkeit verbunden. Noch wahrscheinlicher, daß er einem menschlichen Herzenszuge folgte, als er im Jahre 1247 eine Bulle an Deutschlands Erzbischöfe und Bischöfe erließ, besagend, er habe aus der thränenreichen Adresse der Juden entnommen, daß etliche Fürsten, sowohl geistliche als weltliche, dann auch andere Edle und Mächtige, um deren Güter zu plündern und an sich zu reißen, verschiedene Anklagen gegen sie schmiedeten, nicht bedenkend, daß gleichsam aus den hebräischen Urkunden die Zeugnisse für den christlichen Glauben hervorgegangen seien. Sie richteten ihnen auch fälschlich an, daß sie am Osterfeste von dem Herzen eines gemordeten Knaben ein Abendmahl hielten. Ja, wenn man irgendwo einen Leichnam finde, so bezeichneten sie die Juden als Mörder. Mit solchen und andern Erfindungen wütheten sie gegen diese, nähmen ihnen ohne Geständniß oder Ueberführung gegen die vom heiligen Stuhl ertheilten Privilegien ihre ganze Habe, peinigten sie durch Hunger, Kerkerhaft und Martern aller Art, und überlieferten sie dem schmählichsten Tode, so daß die Kinder Israels unter Pharao nicht schlimmer daran gewesen, als unter jenen Gewalthabern. Ueberdies würden sie gezwungen, im Elend das Land zu verlassen, das ihre Väter seit unfürdenklichen Zeiten bewohnt. Und da Wir nun nicht wollen, schließt der Papst, daß die mehrbesagten Juden ungerechter Weise gepeinigt werden, so tragen wir hiermit Eurer Brüderlichkeit auf, daß Ihr Euch ihnen günstig und gütig erweiset, und sie nicht unbilligerweise belästigen lasset.

Man sollte meinen, daß die Christenfürsten, geistliche und weltliche, und die ihnen anvertrauten Völker einem Papst, der jene Anschuldigungen als Fabeln in Verruf that, auf's Wort geglaubt hätten, allein man war damals wie jetzt nicht überall so aufgeklärt, als zu Lyon. Der Fanatismus war schon zu tief in die andächtigen Herzen eingedrungen, und Innocenzens wohlgemeinte Sprüche verhallten spurlos im Winde.

Es konnte die Juden wohl auch kaum trösten, wenn sie sahen, daß damals, „in den großen Zeiten der Kirche", die Christen mit nicht minderer Grausamkeit behandelt wurden, wie denn z. B. der furchtbare Dominicaner Robert (genannt le bougre), den der Papst als Inquisitor nach Nordfrankreich und Flandern gesandt, im Jahre 1239 vor einer großen Versammlung von Bischöfen zu Montvimer in der Champagne hundertdreiundachtzig Personen als der Ketzerei verdächtig auf den Scheiterhaufen brachte. Auch in Südfrankreich und der Lombardei ließen damals die Dominicaner viele hundert Christen verbrennen.

Es half dem Volke Israels auch nur wenig, als Rudolf von Habsburg, der arme Graf, der mit den reichen Juden immer Hand in Hand gehen mußte, um sein Kaiserthum bei häuslichen Ehren zu erhalten, das Passahmahl mit Christenblut ebenfalls durch offenen Brief und Siegel für eine Erfindung erklärte und männiglich einschärfte, daß die Söhne Abrahams in keiner Sache verurtheilt werden dürften, außer wenn sie durch ein rechtmäßiges Zeugniß von Juden und Christen überführt seien. Der biedere Alemanne hatte nämlich selbst nicht viel Respect vor den jüdischen Menschenrechten, wie seine Geschichte mit Rabbi Meir von Rothenburg darthut. Es ist seltsam, daß in jener Zeit das Volk Israels nicht wie heutzutage die Reichen, die Bankfürsten, die Millionäre zu rühmen und zu preisen pflegte, sondern die Weisen, die Schriftgelehrten, die Talmud-Orakel, die aus fernen Landen in schwierigen, oft freilich sehr lächerlichen Fragen um ihr Gutachten angegangen wurden und durch die feine Logik ihrer Entscheidungen die ganze jüdische Hemisphäre entzückten. Damals war Deutschlands erster und berühmtester Jude, die Perle seiner Nation, ohne Widerstreit jener Rabbi Meir von

Rothenburg, supremus magister, der Hochmeister, wie der Kaiser sagt, cui schola Judaeorum honores divinos impendere videtur. Als nun der Schirmherr der Christenheit in bitterer Geldverlegenheit schwebte, hatte ihm Rabbi Meir fünfzehnhundert Mark Vorschuß versprochen, konnte sie aber nicht zusammenbringen und ging daher flüchtig, wahrscheinlich um nach Palästina zu wandern, wo ein neuer Messias sich angemeldet hatte — eine Fata Morgana, welche Israels Leichtgläubigkeit im Mittelalter während jeder Generation wenigstens einmal neckte. Unterwegs aber, in Tirol, wurde er aufgegriffen und dann vor den Kaiser gebracht, der ihn in dem Schloß Ensisheim gefangen setzte, nicht um ihn zu bestrafen, sondern nur um auf die deutsche Judenschaft einen ersprießlichen Druck zu üben. Diese that sich aus Liebe zu ihrem großen Lehrer sogleich zusammen, und stellte die Frage: was die Freilassung koste, worauf des Kaisers Majestät anspruchslos responbirte: unter zwanzigtausend Mark könne sie's leider nicht thun. Die Juden waren auch wirklich bereit, diese Summe aufzubringen, allein der Gefangene behauptete bescheidentlich: so viel Geld sei der beste Rabbi nicht werth, und wenn sich die Christenfürsten einmal an einen derartigen Genuß gewöhnt, so möchte das einfache Hausmittel zum Schaden der Kinder Israels allzusehr in Schwung kommen. Der Hochmeister verharrte also in seiner Gefangenschaft, wobei ihm jedoch milde gestattet wurde, seine literarische

Correspondenz fortzuführen, die zahlreichen Anfragen, die an ihn als die gefeiertste rabbinische Autorität seiner Zeit ergingen, zu beantworten, und mit seinen Schülern ungestört zu verkehren. Er sah geduldig seine Tage schwinden, und starb auch mitten in seinen geistigen Arbeiten nach siebenjähriger Haft. Um einen weiteren Druck zu üben, gab aber Kaiser Albrecht die Leiche nicht heraus, bis vierzehn Jahre darnach ein edler Jude, Süßkind Wimpfen von Frankfurt, sie um ansehnliches Lösegeld frei machte, um den Rabbi im Grabe seiner Väter zu Worms zu beerdigen.*)

Da wir eben an den ersten Habsburgern sind, so können wir noch erwähnen, daß sich Kaiser Rudolf einmal von den rheinischen Juden zwanzigtausend Mark bezahlen ließ und zwar nur dafür, daß er in ihrer Streitsache mit den Bürgern von Wesel und Boppard endlich den lange verzögerten Richterspruch that.

In Rudolfs Jahrhundert erlebten die Juden die beste Behandlung unter den Babenbergern im Herzogthum Oesterreich. Friedrich der Streitbare erließ 1244 ein Judenstatut, welches auf Gerechtigkeit und Menschenliebe gegründet war. Er ernannte sogar zwei jüdische Kammergrafen, Comites camerae, welche seine Finanzen zu verwalten hatten. Außerhalb des schönen Oesterreichs aber waren allenthalben wieder

---

*) S. darüber Wiener's Regesten im Vorwort.

Schwert, Galgen, Rad und Scheiterhaufen auf der Lauer. Und als man zur Osterzeit 1283 bei Mainz ein todtes Christenkind gefunden hatte, ging der Rummel von neuem los. Erzbischof Werner gab sich die größte Mühe, die Eiferer auf eine unparteiische Untersuchung zu vertrösten, aber sie waren schon vorher überzeugt und verbaten sich alle Umstände. Am Rhein hinab wurden damals wieder manche Hebräer (doch nur in bescheidener Anzahl, am meisten, nämlich sechsundzwanzig, zu Bacharach) erschlagen.

In jenen Tagen aber war es, daß auch unser München in die Weltgeschichte eintrat. Bis dahin hatte man nur gehört, daß es gestiftet worden sei, was auch vor einigen Jahren durch einen schönen Maskenzug gefeiert wurde; allein von seinem inneren Werth, von seiner Thatkraft war noch nichts weiter bekannt. Ueber den damaligen Zuständen der Bevölkerung liegt übrigens einiges Dunkel. In München war es jedenfalls nicht wie in Spanien. Es herrschte keineswegs jener philosophische und poetische Idealismus wie in Andalusien, sondern eher das Gegentheil; man ehrte keine Dichter, weder einheimische noch berufene, wie heutzutage. Um Philosophen und Naturforscher kümmerte man sich ebensowenig. Man hatte keine geistigen Bedürfnisse; man war nur christlich, unwissend und brutal. Welch ungeheurer Unterschied von dazumal und jetzt!

Nachdem man also lange Zeit nach der Gründung nichts gehört, vernahm man plötzlich eine alte Leier, näm=

lich daß ein altes Weib den Juden ein Christenkind verkauft, und diese es in einem Keller mit Nadelstichen langsam zu Tode gemartert hätten. Sachkenner werden daraus entnehmen, daß damals das Münchener Christenthum der Münchener Judenschaft höchlich verschuldet gewesen, was jetzt glücklicherweise nicht mehr so sehr der Fall sein soll. Die „alte Rungunkel", wie sie der Jesuit Rader in seinem Heiligen Bayerlande nennt, wurde gefoltert, und gestand, wie das immer geschah, ihre Missethat. Die Juden sammelten sich in ihrer Synagoge, die Christen warfen Feuerbrände hinein, und das Heiligthum mit allen, die in seinen Schutz geflohen, wurde zu Asche. Dabei sollen hundertundachtzig Juden das Leben verloren haben. Dieß begab sich in der jetzigen Gruftgasse, und später wurde an der Stelle eine Kirche gebaut. Michael von Bergmann, weiland Bürgermeister und Mitglied der Akademie, dessen „Geschichte von München" im Jahr 1783 erschien, bemerkt bei dieser Gelegenheit, die Ursache des Vorgangs sei zweifelhaft. Uebrigens „gehen mehrere beweislose Sagen dieser Art als Geschichte herum, die bloß in pöbelhaften Köpfen erzeugt werden".

Wir schalten hier gleich ein Ereigniß ein, das sich etliche Jahrzehnte später in dieser unserer Hauptstadt begab. Es lief nämlich (1346) wieder dieselbe Sage durch ihre Gassen. Kaiser Ludwig aber wollte den Schwindel nicht aufkommen lassen, und verwarf die Anklage. Alsbald verbreiteten gewisse Leute: er sei von den Hebräern bestochen worden. Es rumorte auch bereits gewaltig von Wundern und Zeichen, die an des Kindleins Grab geschähen. Ein Kreuz erhob sich schon daselbst, und Wallfahrt auf Wallfahrt drängte heran. Der edle Schyre aber setzte der Schalkheit bald ein Ziel, ließ das Kreuz wegreißen und die verdächtigen Pilger auseinandertreiben. So war der grause Spuk gebannt. Die Vernünftigen dankten's ihm wohl, aber der Mönch, der's erzählt, meint doch: er habe damit den Ruhm seines Kaiserthums nicht unerheblich verdüstert.

Den unsäglichen Drangsalen, unter welchen damals die Kinder Israels in England zu leiden hatten, setzte König Eduard I. ein fast noch gnädiges Ende, indem er sie aus dem Lande trieb (1290). Die liegenden Güter, die sie nicht veräußern konnten, fielen der Krone zu. Bald darnach (1306) begab es sich, daß Philipp der Schöne in Frankreich, derselbe, der die Templer abgethan, nach dem Beispiel seines gleichnamigen Ahnen, an einem Tag sämmtliche Juden seines Reichs, Männer, Weiber und Kinder, in die Gefängnisse werfen und ihnen verkünden ließ, daß sie binnen vier Wochen das Land zu verlassen hätten. Zwölf gute Groschen durfte jeder für sich behalten, alle übrige Habe, Gold, Silber und Edelgestein, sowie der Erlös aus ihren Gütern fiel in den königlichen Schatz. Diese einfache Operation hat viele Millionen eingetragen. Die Klagelieder, welche die Kinder Israels damals sangen, sind noch erhalten. Doch schon Philipps Nachfolger rief sie, und zwar nach dem Wunsche des Volks, zurück, und sie blieben im Lande, bis sie 1394 abermals vertrieben wurden. Man konnte nicht ohne sie und nicht mit ihnen leben.

Nach kurzer Zeit erhob sich auch in Deutschland wieder eine Judenhetze. Bisher hatte man nur da und dort von einem gemordeten Christenkind gesprochen, wenn man Krawall machen und seiner Schulden los sein wollte; von jetzt an wurde ein glücklicher Fortschritt versucht, und das Christenkind in ein Christkind umgesetzt. Es sollte der Heiland selber sein, der als Hostie von den Juden geschändet und gemartert werde, dabei Blut vergieße, oder auch in weißer Kindesgestalt aus der Hostie herauswachse. Die erste Geschichte dieser Art mag jene sein, welche 1290 in Paris vorkam, vielmehr erzählt wurde. Die Schablone verbreitete sich aber schnell nach Deutschland. Hier begann unter dieser Fahne zuerst im Jahr 1298 ein fränkischer Ritter und Taugenichts, Namens Rindfleisch, einen binnenländischen Kreuzzug. Er behauptete: in dem Städtchen Röttingen an der Tauber sei es vorgekommen, daß die Juden eine Hostie in einem Mörser gestoßen, diese aber habe so viel Blut vergossen, daß sie es nicht mehr hätten verbergen können; darum müßten sie jetzt alle erschlagen werden. Diesem Programm schloß sich sofort ein zahlreicher Haufen raublustiger Christenhelden an. Sie zogen von Stadt zu Stadt und machten alle Juden nieder, welche sich nicht taufen lassen wollten. Die Gemeinden zu Würzburg und Nürnberg wurden damals ganz aufgerieben. Nur die Bürgerschaft von Regensburg und die von Augsburg hatten Muth und Kraft genug, ihre Schutzbefohlenen vor jenen Bluthunden sicher zu stellen. Diese Verfolgung wälzte sich durch Franken, Bayern und Oesterreich ein halbes Jahr dahin, und es sollen dabei, nach einer christlichen Quelle, gegen hunderttausend Juden*) das Leben verloren haben. König Albrecht von Habsburg machte ihr endlich ein Ende, und suchte die Schuldigen zur Strafe zu ziehen. — Ein ähnliches Ereigniß brachte im Jahr 1320 den Juden im südlichen Frankreich und im nördlichen Spanien Tod und Verderben. Man nennt es den Kreuzzug der Pastorels, der Hirten. Die Zeit war einmal dazu angethan, und in den Jahren 1336—1337 wiederholte sich der Kreuzzug der frommen Hirten auch in Deutschland. Unsere Historiker nennen diese Erscheinung „Armleder", und zwar weil die Führer, oder alle, welche sich dabei betheiligten, am Arm ein Leder trugen. Fünftausend Bauern thaten sich zusammen und durchzogen Schwaben, das Elsaß und die Rheingegenden — wie einst Rindfleisch, der Taugenichts. Wie viele von den Kindern Israels dabei zu Grunde gegangen, weiß man gar nicht mehr. Die Geschichte wurde müde, die

---

*) Für solche runde Zahlen übernimmt die Geschichte keine Garantie. Sie sind wohl meistens übertrieben.

Leichname zu zählen. Doch vergaß sie nicht zu berichten, daß Erzbischof und Bürger zu Trier ihre Juden damals vor den Mördern mit Tapferkeit beschützt haben. Zur selben Zeit begab sich auch „das Wunder" zu Deggendorf, das wir aber für spätere Erörterung aufbewahren. Auch in Straubing und andern Donaustädten wurden viele Israeliten erschlagen.

Nunmehr kam der schwarze Tod, eine furchtbare Pest, die durch ganz Europa zog und Millionen hinwegraffte. In den heiligen Schriften liest man zwar, daß Gott die seinigen, die er liebe, züchtige; allein, wenn's auf den Ernst ankommt, so vergißt das selbst der fleißigste Kirchengänger und resoluteste Betbruder. Die erschrockene Menschheit sah in dieser Seuche nicht, wie sie nach der Christenlehre eigentlich sollte, eine Strafe für ihre Sünden, sondern ein Gemächte der „verfluchten" Juden. Es war gerade wie in unserer aufgeklärten Zeit, wo der Pöbel nicht bloß in Rußland und Ungarn, sondern selbst im gebildeten Frankreich, welches an der Spitze der Civilisation marschirt, bei dem Ausbrechen der Cholera irgendeinen Beliebigen sich ausbat, um ihn als Urheber der Seuche zu zerreißen. Auch damals schrieen die frommen Christen aus: alle Brunnen seien vergiftet und das Gift sei von jüdisch-spanischen Schwarzkünstlern bereitet worden, aus Basiliskenfleisch oder aus Spinnen, Fröschen und Eidechsen, oder aus Christenherzen, Hostienteig und dergleichen. Papst Clemens VI. erließ eine Bulle, welche die Abgeschmacktheit des allgemeinen Geschreies ins Licht setzen und dem Gräuel steuern sollte, allein in solchen Dingen galt der Papst nicht für infallibel und man kehrte sich nicht an Se. Heiligkeit.

Es kam der Mord aus Südfrankreich herauf (1348) und ging verheerend über alle Rheinstädte. In Straßburg suchte der Rath zu widerstehen, aber die Bürger behaupteten, er sei von den Juden erkauft, und setzten ihn ab. Die neuen Rathsherren brachten sogleich die Folter in Anwendung, und die Gemarterten bekannten, wie zu erwarten, daß sie wirklich die Brunnen vergiftet und den schwarzen Tod herbeigeführt. Darum wurden am andern Tag die Unglücklichen auf ihren Friedhof geschleppt und dort, mehrere Hundert an der Zahl, verbrannt. Die Schätze der Todten wurden unter die Bürger vertheilt. Einige derselben zierten sich jedoch und verwandten den Raub nach dem Rath ihrer Beichtväter zu Kirchenzwecken. In Oppenheim, Worms, Mainz und Frankfurt verbrannten sich die Juden selbst. In Zürich, Basel, Breslau, Wien, Würzburg, Nürnberg *), Augsburg ging es ungefähr eben so; wo sie

---

*) Meisterlin, der Chronist von Nürnberg, erzählt aus jener Zeit: „es warent auch die gar mechtig juden und der gar vil, die gaben dem Kaiser groß gut, daß er sie ließ mit dem verfluchten wucher nit allein die burger, sondern auch die eblen schinden. Die hetten innen den schönsten flecken, da nun der markt ist —— und ir heuser waren voll köstlicher pfant; . . . auch hetten sie viel schultbrief; do

sich nicht mit eigner Hand vertilgten, wurden sie von den Christen nach Hunderten todt geschlagen und ihre Güter den Mördern überlassen. Nur die Bürgerschaft von Regensburg hielt „zu sonderbarem Ruf ihrer Stadt", wie der Mönch Eberhard von Altaich eigens bemerkt, abermals die schützende Hand über das Haus Jakobs und rettete es.

In späteren Tagen erwies sich allerdings jene Bürgerschaft nicht mehr so erhaben über den Wahnsinn ihrer Zeit. Im Jahr 1476 erhob sich auch in Regensburg ein großes Geschrei, daß die Juden wieder Kinder gemordet, und die Folter stellte auch damals wieder Alles ans Licht. Neun-

---

fielen sie (die Nürnberger) zu dem ersten in die heuser mit den haubtmennern, und solt ein ietlicher nur sein pfant nemen. Do sie aber sahen solichen schatz, do machten sie sackman über das unselig geschlecht und namen alles das da was; ... es ist nit glaublich, wie groß hab da gefunden ward." Das war aber nur ein Vorspiel; das Hochgewitter brach im Dezember 1349 aus. Damals wurden alle Juden, welche nicht entflohen waren, verbrannt. Aber schon im November vorher hatte Kaiser Karl IV. der Stadt gestattet, mehrere Judenhäuser niederzureißen, um zwei große Marktplätze zu gewinnen und an der Stelle der Synagoge eine Kirche „in St. Marien unsrer Frauen Ehre" zu erbauen. Mit solcher Sicherheit wurde die Katastrophe vorausgesehen, daß der Kaiser auch andere israelitische Häuser schon im Voraus verschenkte und dem Burggrafen von Nürnberg wie dem Bischof von Bamberg zusagte, daß sie sich wegen Ausfalls der Steuern, der ihnen etwa durch Vertreibung der Juden zugehen könnte, in deren Hab und Gut sollten theilen dürfen. Trotz dieser Voraussicht dachten aber weder der Kaiser, noch der Burggraf, noch der Bischof, noch der Rath von Nürnberg daran, irgend welche Vorkehrung zu treffen, welche „des Reichs liebe Kammerknechte" hätte schützen können!

zehn Männer wurden als schuldig ins Gefängniß geworfen. Die Schandthat schien um so weniger zu bezweifeln, als man nach einigem Suchen die Gebeine der kleinen Heiligen wirklich vorfand; nur behaupteten die redlichen Christenleute, der ehrsame Rath habe ganz unbetheiligte Knöchlein zusammenlesen und sie vorher am bestimmten Ort vergraben lassen. Kaiser Friedrich III. verwies der Bürgerschaft aufs derbste, daß sie solchen Histörchen noch ihr Ohr schenke. Nach endloser Haft und endlosen Qualen, und nachdem auch etliche hingerichtet waren, ließ man die Juden wieder los; doch mußten sie dafür bezahlen, daß ihnen die Finger krachten. Im Jahr 1519 wurden sie endlich auch aus dieser Stadt vertrieben und ihre Synagoge in eine Kirche umgewandelt.

Im Jahre 1467 fanden achtzehn Juden zu Nürnberg den Feuertod, weil ein Gerücht ergangen war, daß sie vier Christenkinder ermordet hätten. Die Bürger, von den Mönchen aufgehetzt, wurden ihnen von da an immer feindseliger und verlangten immer dringender ihre Austreibung. Kaiser Maximilian gab 1498 dem Drängen nach und bestimmte, daß ihre Häuser, Synagoge und Kirchhof dem Reich verfallen sein sollten. Später aber verkaufte er diese Liegenschaften an die Stadt um achttausend Gulden. Die Juden erhielten erst in diesem Jahrhundert unter der bayerischen Regierung wieder die Erlaubniß, sich in Nürnberg anzusiedeln.

Ueberhaupt ist auch das fünfzehnte Jahrhundert in derselben Weise gekennzeichnet wie die vorherigen. Erpressung, Plünderung, Vertreibung, Mord und Brand wurde da und dort geübt. So erlitten z. B. im Jahre 1400 zu Schaffhausen dreißig Juden den Feuertod, weil einer derselben einen Christenknaben getödtet haben sollte; im Jahre darauf kamen zu Winterthur siebenundzwanzig, Mann und Weib, auf dieselbe Weise ums Leben, angeblich, weil sie die Brunnen vergiftet hatten.

Auch in den norischen und rhätischen Alpen konnte man dem süßen Triebe, Juden umzubringen, nicht länger widerstehen. Im Jahre 1442 sagte man ihnen zu Lienz im Pusterthale nach, sie hätten ein vierjähriges Mägblein zu Tode gemartert. Nachdem die Wahrheit durch die Folter bestätigt war, wurde der eine gerädert und gehängt, der andere an eines wüthenden Hundes Seite aufgeknüpft, die Christin, die das Kind verrathen haben sollte, sammt zweien alten Judenweibern lebendig geschunden und verbrannt. Die Hinrichtung geschah vor den Augen eines zahllosen Volkes, welches Margaretha von Görz, die Landesfürstin, zu diesem gottgefälligen Schauspiele von nah und fern hatte gnädiglich entbieten lassen.*) In's Jahr 1462 wird der Martertod des kleinen Andreas von Rinn, des Heiligen vom

---

*) Das Judenthum und seine Drangsale in Tirol von Herm. Bibermann. Innsbruck 1853.

Judenstein bei Hall, verlegt — eine Erfindung, deren Ruhm nach jetziger Meinung dem Haller Damenarzte Hippolyt Guarinoni, einem 1654 verstorbenen Italiener gebührt. Berühmter als diese beiden Begebenheiten ist die Geschichte des kleinen Simon, des Heiligen von Trient, welche im Jahre 1475 spielte und deren Ruf durch halb Europa scholl. Man hatte in der Etsch ein todtes Knäblein gefunden. Wer konnte es hineingeworfen haben, als die Juden? In der That bekannten diese auch unter der Folter, den kleinen Simon zerfleischt und sein Blut zum Passahfest gebraucht zu haben. Sie wurden zum Tode durch das Schwert verurtheilt, allein das Volk, das die Mönche fanatisirten, gab sich damit nicht zufrieden, weil es die Strafe zu milde fand. Ihm zu Gefallen wurden etliche der Verurtheilten tobenden Rossen an die Schweife gebunden, durch die Stadt geschleift und schließlich geviertheilt; die Uebrigen aus Gnade mit Ruthen gepeitscht, dann in Gesellschaft zweier Hunde bei den Füßen aufgehängt und zum großen Vergnügen der schaulustigen Christenheit von diesen angebissen und zerfressen. Als Felix Faber, der Dominicanermönch von Ulm, 1476 nach Rom reiste, sah er die Gerippe noch am Galgen baumeln.

Gleichwohl erscheinen auch in diesem Jahrhunderte einige menschlichere, von einem mildern Geiste eingegebene Judenedicte, wie z. B. jenes, welches Bischof Johann von Würzburg 1412 erließ, mehrere Bullen der Päpste, Freibriefe der Kaiser und der Landesherren. Die Geschichten von den Hostien kommen immer häufiger vor; doch wollen wir jetzt noch nicht auf dieselben eingehen und auch alle andern Gräuel beiseite lassen, um noch einen Blick auf die Juden in Spanien zu werfen. Dort hatte, und zwar zuerst in Aragonien, die Inquisition ihre Thätigkeit begonnen. Man hat in neuester Zeit geschrieben, daß das Volk diese Anstalt verlangt habe, allein die Behauptung ist nicht richtig; denn im Anfang und ehe sie eingeschüchtert waren, setzten die Großen wie die Kleinen dem neuen Institut jeden möglichen Widerstand entgegen, und es kam sogar zu blutigen Volksaufständen. Es wäre auch ein sonderbares Zeugniß für das Erziehungstalent der christlichen Kirche, „der Lehrerin und Bildnerin der Völker", wenn eine gläubige Herde nach tausendjähriger Einschulung kein anderes Verlangen hätte als Scheiterhaufen, Blut und Mord zu sehen. Die „Historisch-politischen Blätter" behaupteten auch einmal in ihrer Blüthezeit: die Inquisition habe, wenn kein anderes, doch das Verdienst, daß sie Spanien vor dem Protestantismus gerettet. Wir preisen sie selig, die Armen im Geiste, die in solchen Sprüchen für solche Gräuel Trost finden können. Andere glauben, wenn das Unglück, der Protestantismus nämlich, wirklich hereingebrochen, so wäre Spanien jetzt ein blühendes Land voll geistiger und gewerblicher Thätigkeit, nicht die verarmte und verödete Domaine blödsinniger Pfaffen.

Es fand sich aber damals eine große Zahl von Judenchristen in dem Lande, Marranos, welche in frühern Verfolgungen von ihrem Glauben öffentlich abgefallen, ihm aber insgeheim noch anhänglich waren. Aus steter Todesfurcht suchten sie gleichwohl diese Anhänglichkeit möglichst zu verbergen, aber wenn sie nicht ganz und gar christliche Attituden zeigten, wenn sie etwas schweinescheu schienen, am Sabbath ein frisches Hemd anzogen und dergleichen, so wurden sie von allgegenwärtigen Spähern denuncirt und verfielen der heiligen Inquisition, die sie nach Tausenden verbrennen ließ. König Ferdinand der Katholische, der habsüchtige Potentat, hatte seine Herzensfreude darob, daß seine Dominicaner so heroisch ins Zeug gingen; die geläuterten Seelen der verbrannten Marranos flogen gen Himmel, ihre irdische Habe aber theilte er mit der heiligen Inquisition und genoß sie in der Furcht des Herrn. Auch die Gebeine verstorbener Neuchristen, die im Geruch des Judaismus dahingegangen, wurden aus den Gräbern gerissen und verbrannt, die Güter der todten aber den Erben abgenommen und confiscirt. Papst Sixtus IV. protestirte zwar anfänglich gegen diese Proceduren, aber später, da man ihm viel Geld zukommen ließ, vernahm er schmunzelnd, daß der Großinquisitor durch seine Energie in massenhaften Hinrichtungen und Confiscationen alle bisherigen Leistungen überbiete und schrieb an diesen, den scheußlichen Torquemada, seine Thaten hätten ihn mit größter Freude erfüllt;

wenn er so fortfahre, werde er seine höchste Gunst erwerben. Der Eifer des Königs für die Glaubenseinheit war daher ganz unerschütterlich.

Damals zeichnete sich als Ketzerrichter auch jener berüchtigte Pedro de Arbues durch seine Grausamkeit aus. Er wurde zuletzt von einigen Rächern erschlagen und dafür in der Hauptstadt der katholischen Christenheit vor kurzem erst als Heiliger ausgeschrieen. Dies machte übeln Eindruck in der deutschen Herde, aber mit Nachsicht beurtheilt, ist's eigentlich doch nur eine, wenn auch etwas vermessene Revanche gegen den lieben Gott, dem dafür, daß er uns so manchen Lumpen auf die Erde setzt, auch wieder manches unsaubere Subjekt in den Himmel hineincanonisirt wird.

Endlich, aus der Alhambra des neueroberten Granada, erließen Ferdinand und Isabel, das edle Königspaar, den Befehl, daß alle Juden binnen vier Monaten aus Spanien ziehen sollten. Ihre Nähe sei den Neuchristen zu gefährlich; ihre Gesellschaft verführe diese immer wieder zum heimlichen Abfall. Ihr Hab und Gut sollten sie mitnehmen dürfen, aber nicht in Gold, Silber oder Münzen. Die schönsten Häuser, die prächtigsten Landgüter vertauschten sie um einen Bettel. Gegen dreihunderttausend Israeliten verließen das Land. „Spanien verlor damit den zwanzigsten Theil seiner gewerbfleißigsten, betriebsamsten, gebildetsten Bewohner." Viele derselben wanderten nach Portugal, wo sie aber nur wenige Jahre zu bleiben hatten. Als diese vergangen waren, mußten sie auch jenes Land wieder verlassen, unter Gräueln, die wir gar nicht erzählen wollen.

Es ist zu zweifeln, ob es die Ehre der damaligen Menschheit reinigt, wenn wir bemerken, daß man die Kinder Israels nicht immer verjagen oder todtschlagen zu müssen glaubte, um ihren Mammon aus dem Nest zu heben, sondern daß man sie auch bei lebendigem Leib und innerhalb des Vaterlands gehörig auszukeltern verstand. Hin und wieder wurden sie sogar mit Fleiß geschont, um sich etwas ansaugen zu können. So trug einmal Kaiser Friedrich III. den Regensburgern auf, die Juden ihrer Stadt während der nächsten fünf Jahre sich so weit erholen und erkräftigen zu lassen, daß sie dann in seine Kammer zehntausend Gulden zu bezahlen vermöchten. Die fürstlichen Manieren, sich Geld zu verschaffen, waren aber gar mannichfach. In Frankreich z. B. führten die Reichsbarone den Gebrauch ein, daß die Israeliten den Antritt eines neuen Gebieters mit einem schweren Geschenk, der joyeuse avenue, begrüßen mußten. Als Philipp der Schöne (1284) von der Grafschaft Champagne Besitz nahm, ließ er sich von den dortigen Juden für die Freude, die sie darüber empfinden mußten, mit fünfundzwanzigtausend Pfund beehren. Philipp der Lange forderte von den Israeliten seiner Hausgüter einmal aus demselben Grund hunderttausend Pfund. In gleicher Weise brandschatzte Kaiser Friedrich III. die deutsche „Jüdischheit" zur Feier seiner Krönung „nach altem gutem Brauch" um den dritten Pfennig, d. h. den dritten Theil ihres ganzen Vermögens. Man nannte dies damals „eine Ehrung". (Der große Barbarossa hatte gleiche Aufmerksamkeit schon dreihundert Jahre früher den Goslarer Juden abgerungen.) Eine andere nach Philipp Augusts Vorgang auch in Deutschland oft geübte Praktik war, daß der Kaiser zu Gunsten einzelner Kirchen- oder Laienfürsten, Abteien oder Reichsstädte gegen mäßiges Entgelb alle Schuldbriefe, die sie den Juden ausgestellt, geradezu für „todt und abgestorben" erklärte. Dieß entsprach dem damaligen Rechtsgefühl so ganz und gar, daß man nicht einmal das Gutachten preußischer Kronsyndici dazu bedurfte. König Wenzel aber gab diesem Gedanken noch einen allgemeinern Ausdruck.

Schon im Jahre 1383 hatte er von den rheinischen und schwäbischen Städten den zehnten Theil der Juden verlangt, konnte diese Forderung jedoch nicht durchsetzen. Aber allmälich gelang es, sich zu verständigen und auf dem Tage zu Ulm, am 12. Juni 1385, schloß der König, vertreten durch Pfalzgraf Friedrich, Herzog in Bayern, und Bischof Nicolaus von Constanz mit den schwäbischen Städten einen Vertrag ab, der von dem Rechtsgefühl damaliger Zeiten ein eigenthümliches Bild gibt. Zunächst also wurde ausgemacht, daß die Städte an den König vierzigtausend Gulden zahlen, dafür aber alle Forderungen der Juden an Fürsten, Grafen, Herren, Ritter, Knechte, Bürger oder Bauern, Männer oder Frauen, Geistliche oder Laien — mit den

Zinsen dazu gerechnet — um den vierten Theil vermindert werden sollten. Nach alle dem, was wir bisher erlebt, sieht dies noch sehr anständig aus, allein man muß da zwischen den Zeilen lesen. Der Vertrag sagt nämlich nicht, was mit den übrigen drei Viertheilen der Judenforderungen geschehen soll. Früher meinte man, sie seien den Gläubigern geblieben und erst der Scharfsinn unserer Zeit hat herausgebracht, daß der König sie eben um jene vierzigtausend Gulden den schwäbischen Städten überließ*) und daß der Pfalzgraf, der Bischof, sowie „die erbaren und weisen", die Bürgermeister der Städte nur zu schamhaft waren, um den ganzen Handel in der Urkunde deutlich anzugeben. Die Stadt Nürnberg, welche auch mitthat, hatte bei diesem Geschäfte einen Reinertrag von sechzigtausend Goldgulden oder ungefähr dreimalhundertdreißigtausend Gulden unseres Geldes.

Eine zweite und vermehrte Auflage dieser Schuldentilgung trat schon bald darnach, nämlich im Jahre 1390 ans Licht. Damals ritten Herzog Friedrich von Bayern, die Bischöfe von Bamberg, Würzburg und Augsburg, die Grafen von Oettingen, Wertheim und andere gen Nürnberg und kamen sammt dem Burggrafen dieser Stadt mit den böhmischen Räthen des Königs dahin überein, daß alle

---

*) S. Die Chroniken der deutschen Städte. Leipzig 1862. Erster Band; S. 111 ff.

Forderungen der Juden an Herren oder Städte todt und abgestorben sein und daß jene alle Pfänder und Schuldbriefe herausgeben, diese dagegen eine entsprechende Ehrung an die königliche Kammer entrichten sollten. Und darum zahlten Herzog Friedrich von Bayern, der Bischof von Würzburg und der Graf von Oettingen je fünfzehntausend Goldgulden an den König, die anderen ehrenwerthen Herren und Bürger je nach Verhältniß weniger. Die Stadt Nürnberg wurde damals in ihren Schulden um einhundertvierzigtausend, Regensburg gar um fünfhundertsiebenzigtausend Gulden erleichtert.

Der Unterschied zwischen dem Vertrag von 1385 und dem von 1390 besteht aber darin, daß nach dem ersteren nur die Juden der schwäbischen Städte ihrer Forderungen beraubt, nach dem letzteren dagegen die Schuldner in den beitretenden Ländern und Städten befreit wurden, gleichviel ob die jüdischen Gläubiger da oder dort im Reiche ansässig waren. Der Vertrag von 1390 ging übrigens nicht, wie man bisher geglaubt, über das ganze Reich, sondern betraf nur die Länder zwischen Rhein und Donau. Einzelne Stände, welche davon keinen Vortheil hatten, suchten ihre Juden gegen dessen Folgen, obwohl vergeblich, zu schützen, weil sie deren Steuerkraft nicht gern verringert sahen.

Ein preußischer Geschichtschreiber wollte bei dieser Gelegenheit behaupten, der Burggraf von Nürnberg, ein edler Hohenzollern, habe „ein so unwürdiges Mittel zu seiner Bereicherung verschmäht", aber Professor Hegel will diese Ehrenrettung nicht zulassen, sondern sagt widerlegend, eine solche Ehrenhaftigkeit sei nicht im Sinne der Zeit und auch von „dem Edelsten" nicht zu erwarten gewesen. — Jedenfalls ist klar, daß die hochwürdigen Bischöfe damals das zehnte Gebot eben so gut vergessen hatten, als ihre weltlichen Brüder in Christo.

Menschenfreundliche Fürsten, die ihre Völker schonen wollten, pflegten, wenn ihnen das Taschengeld ausgegangen war, nur etliche Hebräer einsperren zu lassen, um so und so viel Pfunde flüssig zu machen. Als Erzbischof Ruprecht zu Magdeburg von seiner Romfahrt nach Hause kam und das Pallium mitbrachte, ließ er, wahrscheinlich um die Reisekosten hereinzubringen, die Juden einfangen, und schatzte sie um viele tausend Mark. So schrieb auch Kaiser Konrad III. seiner Zeit an Herrn Gerhard von Sinzich, dieser habe unverweilt von den dortigen Juden fünfhundert Mark für die kaiserliche Kammer einzuheben und, wenn nöthig, durch Gefangenschaft herauszupressen. Die Herzöge von Oesterreich ertheilten einmal (1336) einem christlichen Gläubiger das Recht, wegen des Geldes, das sie ihm schuldeten, sich an ihre Juden zu halten und „zehen der besten darum zu fangen und zu nöthigen", bis die Forderung berichtigt sei. Als Kaiser Sigmund zum berühmten Concil nach Constanz zog, mußten die Juden des heiligen römischen Reichs das Reisegeld für diese Fahrt bestreiten, obgleich deren Zweck ihnen gänzlich fern lag. Von den Juden zu Köln erhob er vierundachtzigtausend, von denen zu Nürnberg zwölftausend Goldgulden, von denen zu Frankfurt den dritten Pfennig. Nach solchen Blutungen erhielten die Israeliten gewöhnlich neue Privilegien und Handfesten, welche ihnen auf ewige Zeiten Sicherheit für Leib und Gut zusagten und es fehlte darin selten an Sprüchen, die recht tröstlich und wahrhaft christlich klangen. So ist in einem Privilegium, welches König Wenzel II. von Böhmen (1300) ertheilte, gar schön zu lesen, es seien die Juden, wenn auch wegen der Väter Missethat verdammt und der Handfeste des angebornen Rechts beraubt, uns doch gleich „an der Gestalt der menschlichen Natur" und es lehre das Christenthum, „daß wir ab sollen werfen unsre Härtigkeit und sollen die Menschheit an ihnen lieb haben und nicht ihren Unglauben". Aber wenn die Potentaten bald abermals in dieselbe Noth geriethen, so wurden solche Versprechen „überfahren", als wären sie gar nie gegeben worden.

Im Uebrigen legte Kaiser Sigmund den Juden alljährlich den zehnten Pfennig ihrer Habe als Reichssteuer auf, doch ist zu bezweifeln, ob er ihn immer richtig erhalten hat. Wenn eben eine Judenhetze im Gang war, so ertheilte der Kaiser, wie wir schon oben gesehen, auch im Voraus urkundliche Anweisungen auf die Häuser und das Vermögen der Hebräer, für den Fall, daß diese „entleibt" oder ver=

trieben würden. Bei dem kleinen Landadel waren sie übrigens als Steuerobjekte und als rettende Engel in Geldnöthen immerdar sehr beliebt, und es sind eine Menge Urkunden vorhanden, in denen der Kaiser dem oder jenem Grafen oder Herrn zur Aufbesserung seiner Einkünfte gnädiglich gestattet, drei oder vier oder zehn bis zwanzig Juden zu halten und zu „genießen". Der Jude war ja bekanntlich der „Kammerknecht", will sagen der Leibeigene des Kaisers, der ihn nach Befinden verschenkte, verpfändete, verkaufte wie einen Nigger.

Auch dieses Verhältniß können wir hier mit einigen Worten berühren. Es kommt zuerst in der Zeit der Hohenstaufen vor, daß die Juden des Reiches Kammerknechte genannt werden. Dieser Kunstausdruck bedeutete, daß die Israeliten unter besonderem Schutze des Kaisers stehen und nur an diesen Steuern zahlen sollten. Demgemäß durften auch die Landesherren sich an des Reiches Kammerknechten nur vergreifen, wenn sie ihnen der Kaiser eigens verliehen und überlassen hatte. Nach dem Glauben des Mittelalters ging diese Stellung der Juden allerdings bis auf die Zerstörung Jerusalems zurück. Damals soll Flavius Josephus, der jüdische Philosoph und Geschichtsschreiber, Titus, des Kaisers Vespasian Sohn, von der Gicht geheilt, dieser aber dafür die Juden, so viel ihrer noch am Leben waren, geschont und in des Reiches Kammer gegeben haben. „Darum sollten sie des Reiches Knechte sein und es sollte sie schirmen."

Diese Kammerknechtschaft hat zwar den deutschen Kaisern viel Geld, den Juden aber niemals einen wirksamen Schutz verschafft. Es entwickelte sich vielmehr der Satz daraus, daß den Enkeln Abraham's ihr Vermögen, wie auch ihr Leben, nur auf Ruf und Widerruf vergönnt sei und ihnen beides durch kaiserlichen Machtspruch jeder Zeit genommen werden könne. Jeder römische Kaiser, der gekrönt wird, sagt eine Urkunde damaliger Zeit, mag den Juden allenthalben im Reich all ihr Gut nehmen, dazu ihr Leben und sie tödten, bis auf eine Anzahl, die lützel sein soll, um ein Gedächtniß (an ihre Mitwirkung beim Kreuzestode Christi) zu erhalten. Doch sei der gemeinen Jüdischheit im Reiche die „Freiheit" gegeben, daß sie jeweils bei jedem Kaiser mit dem dritten Theile ihres Vermögens Leib, Leben und übrige Habe auslösen könne.

So schauerlich diese Theorie, so war die Todesnoth doch oft so ängstigend, daß die Kinder Israels selbst in solchen Anschauungen noch Hilfe und Rettung suchten. So wendeten sich im Jahre 1477 die Regensburger Juden in ihrer Verfolgung an den päpstlichen Legaten und stellten ihm flehentlich dar, daß ihnen eben völlige Vernichtung drohe, während doch Kaiser Friedrich und alle seine Vorfahren im Reiche ihnen feierlich versprochen, daß sie von den Christen nicht gänzlich vertilgt, sondern zur Erinnerung an das Leiden des Herrn erhalten werden sollten.

Allmälich hatten nun die Kaiser den Judenschutz und

die Zinsen, die er trug, zum größten Theile den weltlichen Landesherren, den Bischöfen und Städten verliehen, allein dies hinderte sie nicht, bei dringenden Gelegenheiten, wie wir oben bei Kaiser Sigmund's Fahrt zum Konstanzer Kirchenrath gesehen, die ehemaligen Kammerknechte gleichwohl wieder herzunehmen, wie wenn sie noch ihre eigenen Leute wären. Kaiser Ludwig der Bayer erfand überdieß noch ein andres Mittel, die gesammte deutsche Judenschaft, gleichviel ob sie schon vergeben oder noch unter dem Reiche war, für dessen Kammer fruchtbar zu machen. Er verordnete nämlich, daß jeder Jude und jede Jüdin, welche über zwölf Jahre alt seien und mindestens zwanzig Gülden Vermögen hätten, jährlich dem Kaiser einen Goldgulden als Leibzins steuern sollten. Man nannte diese Abgabe den güldenen Opferpfennig. Die Juden fügten sich darein, baten aber bringend um die Zusicherung, daß dieser Opferpfennig nicht auch wieder an andere verlehnt und vertrödelt werden sollte, denn sie fürchteten, wenn dies geschähe, würden sie sicherlich durch eine neue Erfindung der kaiserlichen Kammer wieder neuerdings zinsbar werden.

Ueberhaupt war das Mittelalter bei all seiner Biederkeit in keiner Richtung so sinnreich und erfinderisch, als wenn es galt, den gequälten Juden neue Bürden aufzulegen. In Nürnberg und Frankfurt wurden sie z. B. gezwungen, der kaiserlichen Majestät, wenn sie eben da Hof hielt, das Pergament in die Kanzlei, das Bettgewand für

"Seine Durchlauchtigkeit" und deren Gefolge, ja selbst die Kesseln in die Küche zu liefern. Auch den obersten Hofbeamten hatten sie eine Ehrung von je fünf Pfunden zu entrichten. Es giebt eine eigenthümliche Anschauung von der Noblesse der damaligen Vornehmheit, wenn selbst der erste Fürst der Christenheit sich nicht schämte, derlei Spenden von den verachteten Juden anzunehmen, wenn Kaiser Friedrich III. im Jahre 1442 sogar sehr verdrießlich wurde, als der Rath zu Nürnberg nicht zugeben wollte, daß sein oberster Kämmerer „das Bettgewand und andre Zierheit, womit man die Kammer, da Seine Durchlauchtigkeit innen lag, gezieret hatte", zu seinem eigenen Nutzen an sich nehme und verkaufe.

Wenn nun am Schlusse dieser langen Marterzeit der Sohn Abrahams auf deutschem Boden seine Erinnerungen an einander reihte und nachdachte, was er christlicher Menschenliebe, Zucht und Gerechtigkeit zu danken habe, und wie ihm die moralischen Eroberungen bekommen seien, so stellte sich ungefähr folgendes heraus: Von allen Freiheiten, die er da oder dort einmal genossen, war ihm nur die Freiheit des Wuchers geblieben; l'usure tempérée par l'assassinat, könnte man nach russischem Beispiel sagen, denn alle vierzig oder fünfzig Jahre wurde er mit Frau und Kindern ausgemordet (konnte sich aber auch selbst umbringen), oder, wenn's gut ging, mit zwölf Groschen davongejagt, um in fremden Ländern vor Elend und Ver-

zweiflung zu verkommen. Wie man mit seinem Hab und
Gut verfuhr, an welchem er nicht minder innig hing als
die durchschnittlichen Christenseelen, was er auch in ruhigen
Zeiten für Noth und Drangsal zu erleiden hatte, das haben
wir eben zu schildern versucht. Seine sociale Stellung war
die des Paria geworden. Auf öffentlichen Plätzen lief ihm
die Gassenjugend nach und schrie Hepp Hepp; im Wirthshaus spieen ihm die guten Christen in den Bart und trieben
ihren Hohn mit ihm. In den meisten Städten war er in
sein Ghetto, seine Judengasse, verwiesen und wohnte in
engen unflätigen Häuschen, deren Düfte die Christennasen
— und nicht mit Unrecht — perhorrescirten. Je schmutziger
und zerlumpter Amschel aussah, desto größer war seine
Zuversicht, daß die Gojim keine edlen Metalle bei ihm
wittern möchten.

Ob er den christlich-germanischen Staat wohl je geliebt
hat? ob er ihn lieben konnte? und was er von der „Religion der Liebe" und ihren Dienern denken mochte? Mußten
ihm die Christen im Pfaffen- und Laienstande nicht vorkommen wie eine Mördersecte, wie die indischen Thugs?
Da er nirgends Menschlichkeit, nirgends Recht fand, so
schien's ihm wohl thöricht, beides zu üben, denn es war
keine Hoffnung auf Gegenseitigkeit. So wucherte er also dahin mit allen Pfiffen und Kniffen, die ihm eine Erfahrung
von Jahrhunderten gelehrt, war kriechend wie ein Wurm,
hartherzig wie ein Stein, und ließ keinen mehr aus den

Krallen, den er einmal gefaßt hatte. Nachdem es einmal so weit gekommen, konnte man allerdings ebenso gut fragen: Soll der Christ den Juden liebenswürdig finden?

Wenn damals ein ehrsamer und wohlwollender Christ und Bürgermeister einen ehrsamen und wohlwollenden Juden etwa angesprochen hätte: Laßt uns, Amschel, wenn nicht Freundschaft, doch Frieden schließen! Könnt ihr's denn nicht um zwanzig Procent thun? Müssen's denn immer vierzig und fünfzig sein? Könnt ihr denn nicht hie und da einen armen Teufel durchschlüpfen lassen, ohne ihm die Haut vom Kopfe zu ziehen? — so hätte ihm Amschel etwa antworten können: Eure Freundschaft und euren Frieden in Ehren, Herr Bürgermeister, und zwanzig Procent könnten's freilich thun, aber nur unter soliden Leuten. Allein wir schenken nichts her, und so lange ihr uns alle dreißig Jahre aus dem Lande jagt, unsere Habe christlich vertheilt, unsere Schuldbriefe für abgestorben erklärt und uns auf den Bettel schickt, so müssen wir nach der Wiedererstehung immer von den Söhnen hereinbringen, was uns die Väter geraubt. Zuletzt kriegen wir unser Geld doch wieder mit Zins und Zinseszinsen; das neunzehnte Jahrhundert wird euch zeigen, daß wir keinen Posten vergessen haben. Und was die armen Teufel betrifft, so thut's uns nur leid, daß wir keine würdigeren Subjecte finden, denn da ihr uns nach Tausenden todtgeschlagen und gezwungen habt, uns selbst, unsere Weiber und Kinder abzustechen, so sind wir im Mitleid nicht mehr recht bewandert, und haben jetzt schon dasselbe Plaisir an der Rache, wie ihr's später einmal bei Shakespeare's Shylock finden werdet.

Das neunzehnte Jahrhundert zeigt uns auch wirklich, daß kein Posten vergessen worden ist. Israels Weizen blüht, und Jehovah scheint ihm hundertfach wiedergeben zu wollen, was ihm „Edom" (die Christenheit) einst genommen. Es ist nur schmerzlich, so manche Häuser, die es gottlob schon lange nicht mehr nöthig hätten, noch immer in Mauscheleien verwickelt zu sehen, die man nur vergeben konnte, so lange sie den Judenflecken trugen.

So manches Mysterium, das um die großen Handelsplätze schwebt, der neulich laut gewordene Sarkasmus z. B., daß die Ehrlichkeit in den Wiener Börsenkreisen als ein überwundener Standpunkt gelte, zeigt uns ebenfalls, daß die Welt des Mammons mit der gewöhnlichen Moral eben so wenig bemessen werden will, als das mittelalterliche Ritterthum; doch ist nicht ausgemacht, ob dieß mehr eine Errungenschaft der Kinder Israels oder der am Kreuz Erlösten sei. Vieles würde sich wohl bessern, wenn die Juden wieder zu jenem Idealismus zurückkommen wollten, der ihnen einst in Spanien so gut gestanden. Wenn auch bis jetzt die großen Geldfürsten den Völkern so vielfach gar nichts zu erzählen geben als komische Anekdoten über ihre Knauserei, so fällt ihnen doch vielleicht bald ein, daß zwar auch der Reichthum von Florenz einst auf Wucher gegründet war, daß aber zur rechten Zeit gleichwohl die Mediceer sich gefunden haben.

II.
Das Deggendorfer Wunder.

Nunmehr ist aber die Zeit gekommen, wo wir zur näheren Besprechung der Deggendorfer Geschichte übergehen können. Wenn wir an Alles denken, was vorausgegangen, so wird uns diese keineswegs „pikant und überraschend," sondern so zu sagen ganz vertraut und alltäglich vorkommen. Das Merkwürdige daran ist auch wirklich nicht, daß Juden erschlagen worden sind, sondern nur das, was man daraus zu machen gewußt hat. Um übrigens das Genre dieser Geschichten etwas näher zu umschreiben, deren Physiognomie zu constatiren und den Leser in die richtige Stimmung zu versetzen, wollen wir hier gleichwohl noch drei andere Exemplare vorausschicken.

Der bekannte Johann von Capistran, ein grausamer Bettelmönch, predigte das Kreuz gegen Türken, Hussiten und Ungläubige aller Art. Als er in Breslau (1454) einer Hostienschändung auf der Spur zu sein glaubte, legte er die Juden auf die Folter, die er selbst mit besonderer Meisterschaft zu handhaben verstand. Die Unglücklichen bekannten, was er zu hören verlangte: sie hätten von einem Bauern eine Hostie gekauft, sie mißhandelt und zerstochen, bis sich das Blut daraus ergossen. Auf dieses Geständniß hin wurden ihrer einundvierzig verbrannt. Die übrigen mußten die Stadt verlassen, nachdem man ihnen alle Kinder unter sieben Jahren gewaltsam entrissen, getauft und in christliche Lehre gegeben hatte. Die Güter der Verbrannten und der Ausgewiesenen wurden eingezogen, verkauft, und aus dem Erlös die Bernhardinerkirche erbaut.

Im September 1476 soll zu Passau ein unwürdiger Christ den Juden mehrere Hostien verkauft, Israel sich versammelt und diese mit Messern durchstochen haben, worauf zu aller Erstaunen Blut daraus geflossen sei. Die Hostien wurden hierauf in den Backofen geworfen, erlitten aber keinen Schaden. Vielmehr erschien über ihnen die Gestalt eines Kindes in einem runden Heiligenschein, umgeben von zwei fliegenden Tauben und zwei Engeln. All' dieß blieb verschwiegen bis zur nächsten Fastnacht, wo der besagte Christ bei einem abermaligen Diebstahl ergriffen und auf die Folter gespannt wurde. Nunmehr gestand er auch die frühere Uebelthat und gab die Juden als seine Mitschuldigen an. Diese wurden ebenfalls auf die Marterbank gelegt, und bekannten, wie sich von selbst versteht, ein Jegliches, was man ihnen vorsprach. „Nun begann," sagt Dr. Alexander Erhard, k. Bezirksgerichts-arzt und Geschichtschreiber von Passau, „eine schreckliche, dem Fanatismus und der Rohheit des damaligen Zeitalters entsprechende Execution. Am 10. März 1477 wurden die gefangenen Juden auf Wagen aus dem Oberhaus auf eine Wiese gebracht, auf welcher Schaffote und Scheiterhaufen errichtet waren. Daselbst wurden vier von ihnen, welche sich vor ihrem Tod noch bekehrten und taufen ließen, mit dem Schwert vom Leben zum Tod gebracht; die zwei Aeltesten und Synagogenvorsteher aber, welche die Hostien zerstochen und in's Feuer geworfen hatten, und sich durchaus nicht bekehren wollten, sondern die gesehenen Wunderzeichen für Teufelsspuk erklärten, wurden mit noch vier andern mit glühenden Zangen zerfleischt, und, an Pfähle gebunden, lebendig verbrannt. Auch der gottesräuberische Christ wurde mehrere Tage hindurch mit Brennen durch glühende Zangen gemartert, und zuletzt dem Scheiterhaufen übergeben, welche Marter er reuevoll und geduldig ertragen haben soll. Hierauf sollen sich ungefähr vierzig Judenfamilien zum christlichen Glauben bekehrt haben; die übrigen wurden für immer aus der Stadt vertrieben." (Zur Erinnerung an das herzerhebende Ereigniß wurde dann auf der Stelle der niedergerissenen Synagoge eine Kirche, St. Salvator, erbaut.) „In der Hauptsache," fügt der Geschichtschreiber bei, „stimmen alle Erzählungen dieser Begebenheit, von welcher übrigens jeder glauben mag, was er will, vollkommen mit einander überein." Herr Dr. Erhard ist einer der besten Christen in Passau, dessen Buch selbst von der Kanzel herab zur Lectüre empfohlen wird*); wie kommt er zu dieser seltsamen Aeußerung? Wir erlauben uns übrigens Act davon zu nehmen.

Etwa hundert Jahre früher (1369) hatte sich eine ähnliche Geschichte zu Brüssel begeben. Plötzlich verbreitete sich dort das Gerücht: die Juden hätten sechzehn geweihte Hostien an sich gebracht, diese in der Synagoge mit Dolchstichen durchbohrt, und es sei Blut daraus ge-

---

*) Wie streng sich Dr. Erhard an die Parole hält, mag man daraus entnehmen, daß er Büdinger, Rettberg, Dümmler, die irrgläubigen Forscher, gar nicht erwähnt. Durch höhere Eingebung sind aber ihre Errungenschaften auch nicht ersetzt worden und so fehlen sie eben gänzlich. Wir liegen immer, wie Narcissus, an unserm eigenen Wasser und schwinden selbstbewundernd dahin! Wie viele Bände der Jahrbücher, welche unsere historischen Provincialgesellschaften herausgeben, kann man durchblättern, bis einmal eine Spur germanistischer Studien auftaucht? Der alte Herr von Koch-Sternfeld hatte diesen völlig den Krieg erklärt und suchte in seinen zahlreichen Schriften Jacob Grimm mit seiner ganzen Sprach- und Rechtsschule in stillem Wüthen todtzuschweigen. Es liegt deßhalb ein eigener Hauch von Vergessenheit über all' seinen Büchern. Wenn wir das Treffliche, was auswärts geschaffen wird, so vornehm ignoriren, so ist es nur gerechte Vergeltung, daß das nichtaltbayerische Deutschland auch über das Bischen weggeht, was wir von Zeit zu Zeit auf den Bazar der deutschen Literatur werfen.

flossen. Alsbald wurden die Vorsteher der Gemeinde der
Folter unterworfen, und, nachdem sie Alles zugegeben
hatten, mit glühenden Zangen gezwickt und lebendig ver=
brannt. Die andern Juden wurden aus Brabant ver=
trieben und ihre Güter consiscirt. Achtzehn Gemälde in
der St. Gudulakirche zu Brüssel stellen alle Einzelheiten,
selbst die schreckliche Hinrichtung der drei Vorsteher der
Synagoge dar. „Man stiftete ein Säcularfest," sagt G.
B. Depping, „um öfter das Andenken an eine That zu
erneuern, welche man zur Ehre der Menschheit hätte der
Vergessenheit übergeben sollen."

„So fanatisch," fährt er fort, „ist der Geist des Volks
in jenem Land, daß noch in diesem Jahrhundert, im Juli
1820, acht Tage hinter einander das Fest der Hostien
und der Verfolgung, die sich an ihre Geschichte knüpft, ge=
feiert wurde. Religiöse Ceremonien mit weltlichen Ver=
gnügungen verbindend und vergessend, daß das Christen=
thum eine Religion der Milde und der Duldung ist, trug
man das heilige Sacrament mit den sechzehn durch=
stochenen Hostien, mit Edelsteinen geschmückt, in Procession
durch die mit Maien gezierten und mit Blumen bestreuten
Straßen, deren Häuser rings mit Tapeten behängt waren,
und hielt Bankette, Concerte, Kunstfeuerwerke und Be=
leuchtungen. Hoffentlich wird im nächsten Jahrhundert
das Volk von Brabant (auch von Niederbayern?) be=
greifen, daß es schändlich ist, die Grausamkeit seiner Vor=

fahren durch Feste zu feiern, und besonders die Religion daran theilnehmen zu lassen."

Jetzo also zum Deggendorfer Ereigniß. Was ist nun an dieser Geschichte? Auch sie ist in der Kirche zum heiligen Grab in Deggendorf auf zwölf Tafeln dargestellt. Diese Bilder, die aus der Mitte des vorigen Jahrhunderts stammen, mit dem erklärenden Text darunter, darf man wohl als die officielle Redaction der Legende, wie sie jetzt umgeht, betrachten. Außerdem sind zwei Wallfahrtsbüchlein vorhanden: das eine (bei Vincenz Pustet in Deggendorf) giebt jene Bilder in Holzschnitten mit dem ebenerwähnten alten Text; das andere (Druck von J. Kollmann daselbst) unter dem Titel: "Die wundervolle Geschichte des allerheiligsten Sacraments zu Deggendorf", enthält die Holzschnitte ebenfalls, allein der Text, die Erklärung, ist bedeutend erweitert und möglichst verschönert. Beide sind ohne Jahrzahl, doch sieht man in letzterem, daß es 1864 gedruckt ist; das erstere dürfte nicht viel älter sein. Die Holzschnitte sind beiderseits so scheußlich, daß bei ihrer Betrachtung kein Mensch daran denken wird, welch' große Kunstperiode wir eben durchlebt haben.

Wir wollen uns aber jetzt auf diese, die modernste Fassung noch nicht einlassen, sondern zu den ehrwürdigen Quellen der Ueberlieferung hinaufsteigen und die Wandelungen der Legende nacheinander vorführen. Denn zuerst muß man doch immer fragen: wie verhält sich die bayerische Geschichte zu dieser Begebenheit?

Die Chronisten nun haben sie zwar nicht ganz vergessen, aber doch nur sehr kurz berührt. Ihr Ausdruck ist ungefähr: In diesem Jahr (1337) wurde Christi Leib, welchen die Juden gemartert, zu Deggendorf gefunden, und sind diese deßhalb im nächsten Jahr verbrannt worden*). Eine andere sehr gedrängte Erwähnung der Geschichte giebt eine Inschrift auf einem Pfeiler der Grabkirche, welche lautet: „Anno D. 1337 des nachsten Tages nach St. Michels Tag, do wurden die Jüden erschlagen, die Stat sie anzunden, do wart Gottes Leichnam funden, daz sahend Frauen und Man, do hueb man daz Gotshaus zu bauen an." Diese Inschrift ist, wie man sieht, sehr lapidar. Sie läßt nicht einmal mit Sicherheit abnehmen, ob der Auffindung der Hostien ein Frevel der Juden vorausging, oder ob sie nur zufällig mit der

---

*) Siehe Oefele, Rerum boicarum scriptores, Bd. II. S. 341. Hoc anno (1337) inventum est Corpus dominicum in Teggendorf, quod martyrizaverunt ibidem Judaei, qui propter eandem causam fuerunt cremati 1338 — und dann im folgenden Jahr wiederholend: Cremati sunt Judaei in Straubing et in Teggendorf. (In Straubing war nämlich damals auch eine Judenmetzelei.) Dieß scheint unter den vorhandenen Aufzeichnungen die älteste, sie ist aber auch nicht gleichzeitig. Die übrigen, I. 372, 518, II. 507 geben fast dieselben Worte, und ist wohl nur eine von der andern abgeschrieben.

Erschlagung derselben zusammentraf. Von einem authentischen und umfassenden Bericht aus gleicher Zeit ist leider nicht die Rede. Die erste ausführliche Quelle ist ein altes Gedicht oder Lied, das etwa am Anfang des sechzehnten Jahrhunderts gedruckt, aber doch schon etliche Jahrzehnte früher niedergeschrieben sein mag. Es scheint nur noch ein einziges Exemplar vorhanden zu sein, welches sich auf der Universitätsbibliothek zu München findet*). Nach diesem ist mit wenigen Abweichungen und einigen Auslassungen ein etwas späterer Text gebildet, welchen R. von Liliencron in den historischen Volksliedern der Deutschen — Leipzig 1865 — mittheilt.

Wenn wir nun diesem Liede glauben wollen, so verlief die Geschichte wie folgt: Ein Jude versprach einem Christenweib viele Pfennige, wenn sie ihm zum Ostertag das Sacrament bringen würde. Die Frau stahl deßwegen das Sacrament und brachte es den falschen Juden. Diese durchstachen es mit einer Ahle, worauf das rosenfarbene Blut hervorbrang, und auf dem Brod ein Kind erstand — „der sacramentalische Gott in Gestalt eines holdseligen Knäbleins" nach der blühenden Diction des Kollmann'schen Wallfahrtsbüchleins, welches übrigens auch wissen will, „daß das helle Blut von den heiligen Hostien in der Juden verwegene Angesichter spritzte und auf dem

---

*) Wir geben das Lied am Schlusse in getreuem Abdrucke.

Tisch herumrann." Es ist auffallend, daß die sonst so
abergläubischen Juden über dieses Phänomen, das selbst
einen hartgesottenen Freigeist stutzig machen müßte, gar
nicht bedenklich wurden, denn bei andern Fabulisten, wie
z. B. Valentinus Leuchtius in Speculo miraculorum*),
befällt die Juden in Breslau, was sehr begreiflich, schon
bei dem Bluterguß der Hostien „großes Zittern, hefftige
Forcht und unmenschlicher Schrecken." Auch die Juden
zu Brüssel „sein darüber so sehr forchtsam und hefftig er=
schrocken, daß sie hinder sich zur Erden gefallen." In=
dessen die gesunde Luft des bayerischen Waldes scheint
damals auch die Nerven der „grimmigen" Juden von
Deggendorf gestärkt zu haben, denn sie gingen uner=
schrocken vorwärts, suchten nun, als wenn noch gar nichts
passirt, die Hostien mit einem Hagedorn zu zerkratzen, und
warfen sie, als die Erscheinung des Kindleins nicht weichen
wollte, in einen Backofen. Aber auch hier blieben die=
selben unversehrt, denn „Gott, der diese Welt behält, dem
schadet weder heiß noch kalt." Nach diesem legten die
Frevler das Sacrament auf einen Amboß und schlugen
mit Hämmern darauf, allein ebenso vergeblich. Hierauf
wollten die Juden die Himmelsspeise „in ihrem höllischen
Rachen verschlucken" (Ausdruck des Wallfahrtsbüchleins),

---

*) Citirt in Sartorius' Memoria, die wir gleich verführen
werden. S. 79 und 83.

aber auf den Hostien erhob sich jetzt wieder dasselbe Knäblein und verhinderte das weitere, „denn dieses Brod," sagt die sechste Kirchentafel, „gehört nit vor die Hund." In diesem Augenblick nun erschien vor den Missethätern die heilige Jungfrau Maria mit großem Leid und sprach: „Ihr falschen Juden blind, wie marteret ihr mir mein Kind!" Mit ihr kam eine Engelschaar, ein Licht schön, lauter und auch klar. Zur selben Zeit ging aber ein Wächter vor das Haus, hörte Mariens große Klage „die lange Nacht bis an den Tag", und erstattete sofort den Herren im Rathe Meldung. „Diese gingen mit ihm dar, der Juden Mord (d. h. der Mord, den die Juden an dem Sacrament verübt) ward offenbar." Es scheinen also die Klagen Mariä so vernehmlich, bestimmt und erschöpfend gelautet zu haben, daß eine weitere Beweiserhebung nicht für nöthig erachtet wurde. Von einer Untersuchung ist nämlich gar keine Rede, und auch die sonst unvermeidliche Folter scheint den Juden zu Deggendorf geschenkt worden zu sein. Zunächst berichtet nun das Lied, etwas nachzügelnd: die Juden hätten ketzerliches Gift in die Brunnen geworfen, und der Christen viele seien gähen Todes daran gestorben. Diese Stelle ist sehr schlecht gestellt, denn da der Juden Schandthat schon offenbar geworden, so ist nicht anzunehmen, daß man ihnen noch Zeit gelassen, andre Frevel zu begehen. Doch ist diese Angabe eigentlich ein Faden, durch welchen die Begebenheit mit dem schwarzen

Tod, der jedoch erst 1348 seinen Umgang hielt, in Verbindung gebracht werden soll. Nunmehr aber sammelten sich die Wissenden, fünfzig Mann stark, in der Kirche zu Schaching, einem Dorf zunächst an der Stadt, und schworen zusammen wie die im Grütli: sich in keiner Noth zu trennen und Gefahr. Und wenn man am frühen Morgen zu St. Martin läute, so sollen alle bereit sein, über „die falsche Jüdischeit" herzufallen. Als „Herr Hartmann, von Natterberg genannt, Pfleger der Stadt und auf dem Land"*) diese Mär vernahm, beeilte er sich, den Bürgern mit seinem „Heere" zu Hülfe zu kommen. Die Juden setzten sich zur Wehr, unterlagen aber zuletzt,**) und man verbrannte sofort ihr Haus. (Die Ermordung ist auf der elften Kirchentafel dargestellt.) Das

---

*) Dieser Hartmann ist insofern historisch, als er eigentlich Hartwig von Degenberg hieß und damals Pfleger zu Deggendorf war. Natternberg ist ein nahe gelegenes altes Schloß und Pflegamt, welches damals Konrad von Puchperg verwaltete. Landrichter zu Deggendorf war um jene Zeit Konrad von Freiberg, welcher auch noch erwähnt werden wird. Im Jahre 1341 bestätigte übrigens Ludwig der Bayer den Hartwig von Degenberg als Erbhofmeister in Niederbayern — ein deutliches Zeichen, daß dieser durch das Deggendorfer Stücklein an öffentlichem Ansehen nicht eingebüßt hatte.

**) Die Zahl der Ermordeten giebt der Volksmund jetzt zu vierhundert an, unbekümmert darum, daß nach der Legende höchstens ein halbes Dutzend sich an dem Frevel betheiligt haben, und die übrigen 394 sohin als unschuldige Opfer gefallen sein müßten. In einer gewissen Harmonie mit jener Zahl spricht denn auch das

Lied spricht also nur von **einem Haus**, vielleicht der Synagoge, worin wohl nach damaliger Praxis die gewöhnliche Selbstermordung stattgefunden. (Das Wallfahrtsbüchlein aber weiß es besser und sagt: „Viele wurden niedergemetzelt, viele steckten ihre Häuser und Habseligkeiten in Brand, um sie den Bürgern zu entziehen," gleichsam als verdienten sie eine Rüge, daß sie den eigentlichen Zweck der Unternehmung zu vereiteln gesucht.) Nun aber, da der Juden Haus verbrannt war, „kam das Sacrament geflogen aus dem Feuer gar unbetrogen," was wohl gemerkt zu werden verdient, aber, genau besehen, mit der oben erwähnten lakonischen Pfeilerinschrift auch nicht zusammen zu stimmen scheint, denn wenn das Sacrament ohne menschliche Thätigkeit zum Vorschein kam, d. h., wenn es von selber daherflog, so ist der Ausdruck, daß es gefunden worden, wenigstens sehr unbehilflich. Uebrigens drücken sich, wie wir sahen, auch die Chroniken nicht anders aus.

Nach diesem bringt das Lied aber einen Zug, der uns fast unehrerbietig dünkt. Es singt nämlich: (das Sacrament)

Wallfahrtsbüchlein von dreihundert Männern, welche „mit blankschimmernden Waffen in die Stadt stürmten." Das alte Lied weiß, wie wir eben gesehen, nur von „fünfzig Mann," zu denen dann allerdings noch das „Heer" des Herrn von Degenberg gekommen wäre, über dessen Stärke wir aber gar keine Vermuthung äußern können. Die Zahl vierhundert ist jedenfalls übertrieben.

> Ob den Leuten schwebt;
> Ein alter Schmied ohne Sünde lebt;
> Der sprach: Herr, mag es sein,
> So setz Dich auf den Pelz mein.
> Das Sacrament sich niederließ
> Gar bald ohne allen Verdrieß
> Dem Schmied da in sein Schoß u. s. w.

Alsbald aber sei ein neugeweihter Priester von Nieder-Altaich gekommen und in seine Hände habe sich dann das Sacrament endgültig begeben, und zwar „ainlif Stuck," also um eines mehr als jetzt, wo nur zehn gezeigt werden. Der Dichter sagt: er habe all' dieß selbst zu Deggendorf gelesen — eine Bemerkung für die wir ihm sehr dankbar sind.

Dieses Lied ist die einzige und ausschließliche Quelle, die allen folgenden Schriften und auch den Tafeln in der Kirche zu Grunde liegt. Schon Aventin, der übrigens der Deggendorfer Geschichte nur ein paar Worte widmet, hatte keine andere Vorlage mehr. Seit jener Zeit aber ist die Legende, wie sich aus der folgenden Darstellung ergeben wird, in beständigem Fluß gewesen.

Die nächste Bearbeitung nach dem alten Lied ist ein jüngeres, betitelt: „Die alt und warhafftig geschicht wie vor 245 Jaren die Juden zu Degckendorf mit dem hochwürdigen und heyligen Sacrament feindt umbgangen. Gsangweyß gestelt im Thon, Als man Maria Psalter singt oder in Hertzog Ernst Melodey. Gedruckt zu

Straubing durch Andre Summer, 1582*). Andre Summer, der sich am Schlusse bescheidentlich einen Sündenhelden nennt, hat es aber nicht allein gedruckt, sondern auch gedichtet und in dreizehnzeiligen, leidlich gereimten Strophen nach Gesangesweise ganz artig zusammengestellt. Er hält sich noch durchaus an den Gang und oft auch an die Worte des ältern Lieds, nur ist auffallend, daß sich seine Muse mit dem alten Schmied nicht mehr beschäftigen wollte. Dieser ist vollkommen verschwunden, und an seine Stelle tritt sogleich der junge Priester von Nieder-Altaich ein.

Ein „Kurzer, wahrhaftiger und gründlicher Bericht von dem wundersamen heiligen Sacrament zu Deckendorf und zu Passau ꝛc. durch Jacobum Rabus, der Heiligen Schrift Doctor — gedruckt zu München 1584" bringt nicht viel erhebliches. Sonderbar ist darin, daß der sonst sehr geschwätzige Verfasser die Geschichte, von der er eigentlich schreiben will, nur ganz kurz berührt. „Hier laß ich" fährt er dann fort, „mit Fleiß aus, was der gemeine Mann sagt und fürgibt von Erscheinung der Mutter Gottes, ihrer Klag, dem Schmidt ꝛc."; er gönne zwar jedem seine Andacht, halte sich aber lieber an die probiertesten Historien — woraus man wieder ersieht, daß der Mythus damals schon in's Schwanken gerathen und das

---

*) Historische Volkslieder ꝛc. von Ph. Max Körner. Stuttgart, 1840. S. 227.

Vertrauen einigermaßen erschüttert war. Uebrigens erzählt der Autor eine Menge der seltsamsten Wunder, um darzuthun, daß jenes in Deggendorf noch gar nicht zu den stärksten gehöre, sondern schon vielfach übertroffen worden sei.

Eine andere Druckschrift über unsern Gegenstand ist: „Memoria mirabilium Dei, das ist: Von dem hochwürdigen Sacrament des wahren Fronleichnams Christi, so Anno M.C.C.C.XXXVII zu Deckendorf in Bayern von den Juden hochfrevlicher Weiß tentiret, seithero daselbst aufgehalten, und sambt andern würdigen Heiligthumb mit Andacht besuchet und verehret wirdt. Durch Johannem Sartorium Arenspergensem, H. Schrifft Licentiatum, Dechand und Pfarrherrn daselbsten, Anno 1604." Diese Schrift berichtet ebenfalls zu jeder Abtheilung der Legende eine Anzahl von parallelen Wundern und gewinnt dadurch einen Umfang von 186 Quartseiten. Sie hält sich noch mit unerheblichen Nuancen an das alte Lied, welches öfter unter der Bezeichnung „die alte Relation" citirt wird. Die Mitwirkung der heiligen Jungfrau wird hier allerdings wieder erwähnt, doch kann sich der Verfasser nicht enthalten, sie als „die Sage etlicher Einfältiger" hinzustellen. Die Wiedererscheinung der Hostien beschreibt er nicht näher, setzt sie aber, wie auch das alte Lied, nach dem Morde und dem Brand. Daß sie aber geflogen gekommen seien, scheint er nicht wiederholen zu mögen.

Beide, Herr Jacobus Rabus und Herr Johannes Sartorius, welche aber offenbar selbst nicht mehr alles glaubten, schimpfen übrigens ganz bitterlich über „die zweisselig- und scrupulirenden Gesellen, die nasewitzigen Clamanten, die Schänd- und Lästerteufel" u. s. w., die in verstockter Bosheit die Wundergeschichte bekritteln wollen, und mag man daraus ersehen, daß die Ansichten über die Sache von jeher sehr verschieden waren.

Der Kanzler Johann Adlzreiter, dessen bayerische Geschichte 1662 erschien, erwähnt unsere Begebenheit ebenfalls, weicht aber in den Einzelheiten mannichfach von den früheren ab. Die Erscheinung des Kindleins z. B. sucht er durch ein „Man sagt" etwas unsicher zu machen. Die That sei durch einen ungewöhnlichen Jammer, welchen man den Engeln (nicht mehr der Mutter Gottes) zuschreiben dürfe, verrathen worden. Als man dazu gekommen, hätten augenscheinliche Zeichen des verübten Frevels die Sache glaubwürdig gemacht. Nach dem Mord sei dann die Habe der Juden als Lohn des frommen Werks (piae operae praemium) den Bürgern zugefallen. Aller Beute Werth aber habe die heilige Hostie übertroffen, welche in ihrem Blute gefunden und zur Erinnerung wie Verehrung aufbewahrt worden sei. Adlzreiter spricht also nur von einer Hostie, wahrscheinlich nur eine Flüchtigkeit des Geschichtschreibers, wie sie auch bei späteren vorkommt.

Von Adlzreiters Zeiten bis zu den Tagen, wo die jetzigen Wallfahrtstafeln in der Kirche gemalt wurden, also etwa von der Mitte des siebenzehnten bis zur Mitte des vorigen Jahrhunderts, scheint über unsere Geschichte nichts Wesentliches mehr geschrieben worden zu sein — jene aber lassen eine wahrhaft erstaunliche Umgestaltung der Legende erkennen. Bis zur siebenten Tafel, nämlich bis zur Vergiftung der Brunnen, hält sich zwar noch alles so ziemlich in Uebereinstimmung mit dem alten Lied — nur ist der interessante Zug hinzugekommen, daß das Christenweib die Hostien gegen ein **versetztes Kleid** dahingiebt — von dort an aber entwickelt sich die Geschichte nunmehr ganz anders. Außerdem, daß die Juden einen Brunnen (es ist jetzt nur noch ein einziger) vergiften, werfen sie auch die Hostien hinein. Diese halten aber in dem nassen Element nicht lange aus, sondern da der neugeweihte Priester von Nieder=Altaich bei angestellter Procession vorüberzieht, schwingen sie sich auf dem achten Bild „mit frei eigener Gewalt von dem Wasser in die Luft", lassen sich in dem Kelche nieder und werden in die Kirche getragen. (Hiemit ist nun der Brunnen in die Legende eingeführt, von welchem die früheren Gewährsmänner alle nie gehört.) Nun erst nehmen die Wächter bei der Nacht in der Gegend dieses Brunnens, der jetzt noch neben der Kirche gezeigt und verehrt wird, einen unvergleichlich schönen Glanz gewahr und hören „eine lamentirliche Stimme". Diese scheint auch wieder vollkommen genügt und die Schuld der Juden klar erwiesen zu haben, denn schon auf dem nächsten

Bilde sehen wir die Verschwörer zu Schaching mit Herrn Hartmann von Degenberg in der Mitte und über ihnen als schützende Genien Maria mit zwei Engeln, worauf dann die Ermordung der Juden folgt. Der Text der Tafel, welche diese darstellt, ist so gefaßt: „Die Juden werden von denen Christen aus rechtmäßigem, Gott gefälligem Eifer ermordet und ausgereutet. Gott gebe, daß von diesem Höllengeschmeiß unser Vaterland jederzeit befreit bleibe." Die Wallfahrtsbüchlein haben aus löblicher Discretion diese Sätze so nicht aufgenommen, sondern sie wesentlich gemildert. Man weiß nicht, ist es einem Trieb, zu verbessern, oder einem Uebersehen zuzuschreiben, daß das Kollmann'sche Wallfahrtsbüchlein die letzten Dinge wieder in anderer Reihenfolge giebt. Dieses läßt nämlich gleich nach der Brunnenvergiftung die Nachtwächter einen unvergleichbar schönen Glanz gewahren und dabei eine klägliche Stimme hören. Sie machen sofort beim Herrn Kämmerer die Anzeige, und „auf vorgenommene Untersuchung(!) werden die grausamen Unthaten der Juden entdeckt." Nach deren Vertilgung heißt es dann: „Das Heiligthum hatte gesiegt, jedoch es lag noch im Brunnen." Und so kommt denn die Procession und der neugeweihte Priester, und das übrige geht wie oben gemeldet vor sich*).

---

*) Die Grabkirche wurde letzten Sommer im Innern aufgefrischt und es ist zweifelhaft, ob die alten Tafeln mit ihren Kernsprüchen wieder an den alten Platz kommen.

Die vorgenommene Untersuchung, die dieses Büchlein einschmuggelt, ist sehr interessant und in der That ein Fortschritt in unserer Cultur — e pur si muove. Für unsere Anschauung ist der Beweis der Schuld allerdings ganz unerläßlich; eine frühere Zeit hielt ihn, den Juden gegenüber, für höchst entbehrlich. Erst Johannes Ablzreiter, der rechtsgelehrte Kanzler des Herzogthums Bayern, fühlte die Mißstände, die in der Vulgata lagen, und gab ihr eine leise juridische Wendung. Nach ihm wird, wie wir gesehen, die Hostie in ihrem Blute gefunden. Er sagt zwar nicht wann und wo? doch meint er wohl, daß man das corpus delicti noch vor der Execution erhoben habe, da ja „augenscheinliche Zeichen des verübten Frevels" vorgelegen. Das Kollmann'sche Wallfahrtsbüchlein aber sucht sich unserm constitutionellen Rechtsboden noch mehr zu nähern. Es octroyirt dem verweichlichten Geist unseres Jahrhunderts die allgemein vermißte Untersuchung. Nach dieser neuesten Ueberarbeitung wird uns aber auch erst verständlich, wie die Ahle und der Dorn, welche noch gezeigt werden, sich erhalten haben. Wenn nämlich eine Untersuchung vorherging, so konnten sie leicht zu Gerichtshänden genommen und aufbewahrt werden. Wenn dagegen die Hostien nur aus dem Feuer geflogen kamen und die beiden Marterwerkzeuge nicht mitflogen, so ist die Frage, wie die Ahle und namentlich der Hagedorn in dem Schutt des verbrannten Hauses wieder aufgefunden werden konnten, so schwierig zu lösen, daß wir von jedem Versuch bescheiden abstehen. Das neueste Wallfahrtsbüchlein ist eigentlich der „Aufkläricht" im Dienste des Aberglaubens.

Nur der Vollständigkeit wegen erwähnen wir auch noch die „Geschichte der wunderbaren hochheiligen Hostien in der heiligen Grabeskirche zu Deggendorf" u. s. w. von Xaver Maßl, Cooperator zu Straubing (Deggendorf, 1828). Der Verfasser kennt nicht einmal das alte Lied, bringt auch sonst nichts Neues bei, kämpft aber wie ein todesmuthiger Gladiator gegen die hundert Zweifel, die ihm aus allen Ecken und Enden entgegengrinsen, und besiegt sie am Ende rühmlichst mit dem Schwert des Glaubens. Für unsere Arbeit ist das Schriftchen ganz unerheblich. Mehr unterhaltend als belehrend ist die Art, wie es die offenen Wunden der Legende zu schließen sucht. Jene unheilige Lücke in der heiligen Erzählung füllt es z. B. in folgender Weise aus: „Als der Syndikus und die Bürger die Erscheinung (den Glanz und die klagende Stimme) wahrgenommen, wurden geheime Untersuchungen angestellt, und man kam, wahrscheinlich durch die Aussage eines Juden, der, um die Sache wohl wußte, aber nicht daran Theil hatte, auf den Hergang des Frevels." Vielleicht hat das Kollmann'sche Büchlein seine wohlthuende Fiction aus dieser Quelle geschöpft. (Gleichwohl fand sich vor fast dreihundert Jahren schon Andre Summer, der Sündenheld,

veranlaßt, eine Untersuchung zu fingiren. Er singt näm¬
lich in der dritten Strophe:

> Daß sie alsbald mit einer Ahl
> Mit Grimmen darein gestochen;
> Das Blut rann draus auf dieses Mal,
> Als sie peinlich daun gesprochen —

wo der letzte Vers wohl besagen will: wie sie [die Juden]
auf der Folter bekannt haben. Doch ist der Wink von den
nächsten Nachfolgern nicht weiter cultivirt worden.)

Wenn wir nun diese verschiedenen Versionen gegen
einander halten, so finden wir, daß sie zwar nicht arm an
kleineren, aber ziemlich reich an großen Widersprüchen
sind. Nach den Chroniken z. B. vertheilt sich die Ge¬
schichte in zwei Acte, wovon der eine im Jahr 1337, der
andere im Jahr 1338 spielt. Nach allen andern Quellen
fällt die Begebenheit in's Jahr 1337, aber das alte Lied
verlegt sie auf Ostern, die Pfeilerinschrift auf Michaelis,
wobei es auch bisher geblieben. Nach dem alten Lied
kommt das Sacrament nicht eher zum Vorschein als bis
die Juden erschlagen waren, und ihr Haus verbrannt;
laut des Pustet'schen Büchleins werden aber zuerst die
Hostien gefunden, wogegen nach dem Kollmann'schen (und
nach Xaver Maßl) der Judenmord gleichwohl wieder der
Epiphanie vorausgeht. Nach den früheren Quellen wird
der ganze Frevel durch Mariens Klage oder durch die
lamentirliche Stimme aufgedeckt, nach Adlzreiter fand man

augenscheinliche Zeichen der That, nach Kollmann (und Xaver Mahßl) ergab sich die Schuld erst durch eine vorgenommene (jedoch geheime) Untersuchung. Was aber das wichtigste ist, so steht gar nicht fest, wo denn die Hostien gefunden wurden. Ablzreiter sagt „in ihrem Blut;" das alte Lied läßt sie aus dem Feuer kommen, die neueren alle aus dem Wasser!

Wie viel ist nun an dieser Geschichte für wahr zu halten? Jedes Wunder setzt eine Thatsache voraus, die der historischen Kritik unterworfen werden darf. Erst wenn die Thatsache feststeht, kann darüber disputirt werden, ob sie als Wunder zu betrachten sei, oder nicht. Sind nun aber die Thatsachen, welche in unserm Fall das Wunder bilden sollen, als feststehend zu erachten? Ist die Ueberlieferung nicht vielmehr voller Widersprüche, und dürfen wir eine Hoffnung hegen, daß sie je gelöst werden? Wie können sich nach der letzten Version die Hostien aus dem Wasser erheben, wenn sie nach der ersten aus dem Feuer geflogen kommen, und nach der mittleren in ihrem Blut gefunden werden? (Vom alten Schmied mit seinem Pelz wollen wir lieber gar nicht reden.) Jede dieser Erzählungen schließt die andere vollkommen aus. Welche ist die verlässigste? Die alte, die junge, oder die mittlere?

Warum hat die Legende sich selbst reducirt und die klagende Maria ausgewiesen? Wahrscheinlich weil der Genius des Orts mit der Zeit diese Erscheinung der

Himmelskönigin nicht mehr für möglich, also auch nicht mehr für glaubwürdig hielt. Man sieht daraus, daß sich die biebern Deggendorfer die freie Verfügung über ihren Stoff immer vorbehalten haben. Ist nun aber dadurch der Rest der Sage verläßiger geworden? Könnte nicht ein schöner Morgen anbrechen, wo sich unsre dortigen Mitbürger auch unbefangen über den Rest hinwegsetzten? Und wenn dieser Rest sich bis jetzt in Ehren erhalten, so ist dieß wohl weniger einem supernaturalistischen Einfluß, als vielmehr den Deggendorfer Garköchen und Wirthen zuzuschreiben, welche die fünfzigtausend Wallfahrer, die jedes Jahr bei Dünnbier und Gurkensalat ihrer Andacht pflegen, nicht gern entbehren möchten.

Aber, kann man sagen, was in Deggendorf zweifelhaft blieb, ist ja doch an vielen andern Orten erwiesen worden! Allerdings, aber nur durch gemarterte Juden. Verdienen diese Aussagen mehr Glauben als die Geständnisse jener gefolterten Hexen, welche ebenfalls bekannten, daß sie auf dem Besenstiel zum Blocksberg geritten seien, dort in den Lüften getanzt und mit dem Teufel Unzucht getrieben haben? In jenen unmenschlichen Zeiten war die Folter ja immer die verläßige Wünschelruthe, welche jeden Ausbund des Unsinns, das Entsetzlichste und Scheußlichste, woran kein Menschenherz je gedacht, an's Tageslicht zu bringen wußte. Wenn man aber behaupten wollte, daß wir in Ermanglung eines bessern jedes beliebige wandelbare

Wallfahrtsmärchen glauben sollen, bloß darum, weil es viele andere auch schon geglaubt, so würde dieser Satz folgerechterweise auch wieder zu dem Glauben an die ebenbemeldeten Hexen zurückführen, der noch vor zweihundert Jahren allen gebildeten Völkern gemein war, über welchen zwar auch in Görres' Christlicher Mystik noch viel schönes und empfehlendes zu lesen, der aber doch, Gott sei Dank, endlich dahin ist. Wenn es sich um Gegenstände handelt, die zur Anbetung ausgeboten werden, darf man nicht so leichtsinnig und frivol sein, nicht, wie mir vorgeworfen wurde, eigene „Phantasien und Einbildungen als Thatsachen hinstellen!"

Darf man ferner fragen, ob ein Wunder nicht auch eine ethische Bedeutung haben soll? Welcher sittliche Gehalt liegt aber in dem Phänomen, daß Hostien bluten? Und ein Gott, der sich einer solchen für ihn schmerzlosen Operation unterwirft, obgleich er weiß, daß nach dem Wahn der Zeit der Tod von so und so viel Menschen, die er selbst erschaffen, daran hängt — ist dieß wirklich ein exemplarisches Numen? Kann ein christlicher Geist nach der Moral, wie sie uns gelehrt wird, eine solche Handlungsweise für Gottes würdig halten? Ueberdieß, ist denn nicht anzunehmen, daß Jesus, der ja von einer jüdischen Jungfrau geboren, von einem jüdischen Nährvater erzogen zu werden sich würdigte, vielleicht auch in seiner Jugend als liebenswürdiger Knabe nur in angenehmen Bezie-

hungen zu jüdischen Familien stand, der also gewiß ihre
Schrullen alle aus dem Fundament kannte — ist nicht an=
zunehmen, daß gerade Er ihre Verblendung viel milder
beurtheilen mußte, als wir eingebildeten, hochmüthigen
und auf die Juden von jeher erbosten Christen?

Unser lieber Herrgott hat bekanntlich verschiedene An=
beter, und jeder sucht ihn in seiner Weise zu verehren.
Diese Mannichfaltigkeit scheint ihm zu gefallen, denn er
hätte ja bei seiner Allmacht die Mittel, die ganze Mensch=
heit unter dem Baldachin eines einzigen Katechismus zu
vereinigen. Aus Freude über diese Mannichfaltigkeit
wirkt er aber in jeder Religion specielle Wunder, denn die
Juden, Türken und Heiden haben alle ihre Mirakel, ob=
gleich uns diese gerade so unglaubwürdig vorkommen, wie
ihnen leider die unserigen. Es ist traurig zu beobachten,
daß der liebe Gott sich in dieser Beziehung als der reinste
Indifferentist erweist. Eben deßwegen wird er aber von
einem tungusischen Lama nicht die reinen Gottesbegriffe
verlangen wie von einem Brixener Theologie=Professor,
von einem japanischen Bonzen nicht dieselbe erhabene
Religionsanschauung, wie von einem geistlichen Rath und
Stadtpfarrer zu **. Und so würde er auch, namentlich
im Mittelalter, den Juden kaum zugemuthet haben, daß
sie in den heiligen Hostien das christliche Mysterium aner=
kennen sollen!

Und eben deßwegen scheint es eine Anmaßung: der

Gottheit, die wir uns doch über alle menschlichen Thorheiten und Leidenschaften erhaben denken, genau jene Bildungsstufe, jene Einseitigkeit und jene Rachsucht zuzutrauen, wie sie zwar den fanatischen Mönchen jener großen Zeit der Kirche eigen waren, die wir aber jetzt auch bei bayerischen Bauerncooperatoren und tirolischen Landcuraten schon lange nicht mehr finden.

Die neuere Wissenschaft hat den Satz erwahrt, daß eine Geschichte, die an verschiedenen Orten gleichmäßig spielt, überhaupt keine historische, sondern eine mythische Grundlage habe. Erst nachdem man erforscht, daß die Geschichte der Weiber von Weinsberg da und dort etliche zwanzigmal erzählt wird, hat man gefunden, daß sie auch in Weinsberg selbst nicht vorgekommen ist. Die Geschichte der Hostienschändung taucht während jener rohesten Zeiten im christlichen Europa wohl etliche dutzendmal auf. Die Passauer haben sich, wie wir oben gesehen, alle Kopfarbeit erspart und das Recept einfach von den Deggendorfern entlehnt; diese nahmen es wieder von andern Vorgängern, so daß sich der blutige Faden in trauriger Monotonie noch mehrere Menschenalter hinauf verfolgen läßt. Die unmittelbare Vorlage der Deggendorfer scheint jene schon oben erwähnte Geschichte zu sein, welche 1290 in Paris erzählt wurde. Auch dort soll ein armes Weib am Ostertag ein versetztes Kleid um eine Hostie ausgelöst, der Jude diese mit dem Messer durchstochen und in einen Kasten gelegt haben, der sogleich von Blut überschwemmt worden sei. Hierauf folgt statt der Dornen ein Nagel, dann die Feuerprobe, bei welcher ein schönes Kindlein erscheint u. s. w.*) Uebrigens führt uns zwar nicht die Hostienschändung, aber der den Juden vorgeworfene Kindermord in viel frühere Zeiten zurück. Doch waren es ursprünglich nicht die Juden, die man dieses Verbrechens bezichtigte, sondern — die Christen. Den ersten Christen sagten nämlich die Heiden nach, daß sie ein in Mehl getauchtes Kind anzustechen und das Blut zu ihren Opfern zu verwenden pflegten. Die ersten Kirchenväter führten entrüstet die Vertheidigung gegen diese Verleumbung. Bald erzählte man's auch von den Gnostikern, später von den Albigensern, in Frankreich sogar von den ersten Protestanten, bis es endlich an den Juden und — den Hexen hängen blieb.

Andererseits erklärt sich unsere Begebenheit sehr einfach auf natürliche Weise. Die Deggendorfer waren den Juden tief verschuldet, die Hand ihrer Geldherren lag schwer auf den bedrängten Bürgern und übte einen harten Druck. Sollten sie in dieser Noth thatenlos ersticken, während sie bloß ihre Gläubiger zu erschlagen brauchten, um nicht nur ihr Schuldbuch zu vernichten und eine weib=

---

*) So Jost, 6, 313. Etwas abweichend auch bei Sartorius S. 73, der hiefür mehrere ältere Scriptores citirt.

liche Beute zu machen, sondern auch noch ein frommes
Werk zu verrichten? So nahmen sie benn die alte blutige
Anekdote wieder her, die zwar schon oft abgeleiert war,
die man aber immer noch einmal hören konnte. Ihre
Zeit durfte keinen Stein auf die Thäter werfen, denn man
war damals an andern Orten nicht minder christlich als
zu Deggendorf. Der Erfolg zeigte auch, daß Himmel und
Erde die That in gleichem Maß belohnten.

Der Himmel nämlich verlieh der Stadt allmählich all'
den Schimmer und all' den Verdienst eines ausbündigen
Gnadenorts, worin ein gemüthliches Volk immerdar den
Segen Gottes erblicken wird*). Die Erde aber zeigte sich
für das Nächste noch freigebiger. Herzog Heinrich von
Niederbayern nämlich, der damalige Landesvater, fand sich

---

*) Der Wahrheit zu lieb und um keinen Neid zu erregen,
müssen wir gleichwohl bemerken, daß es mit diesem Segen jetzt nicht
mehr so arg ist. Sartorius sah 1603 zur Wallfahrtszeit noch
„sieben Fürsten, mehrere Grafen, Freiherren, Ritter, Prälaten, an=
dere namhafte Personen und gemeinen Pöbel ohne Zahl," aber die
Vornehmheit hat sich aus dieser gemischten Gesellschaft schon lange
zurückgezogen. Es kommen zwar viele Völker, doch meistens arme,
aus dem bayerischen Wald und dem angränzenden Böhmen. Auch
sehr viele Czechen erscheinen, und die Judenhetzen, die sie von Zeit
zu Zeit veranstalten, lassen sich vielleicht eben mit dieser Wallfahrt
in einige Beziehung bringen. Ihretwegen wurde früher auch czechisch
gepredigt. Sie bringen ihren Mundvorrath, elenden Käse, in einem
Töpfchen mit und campiren meist im Freien. „Bessere Leute"
werden, alles durcheinander, auf Heu und Stroh in Scheunen.

ebenfalls bewogen den Deggendorfern sein fürstliches Wohlgefallen auszusprechen. „Wir Heinrich von Gottes Gnaden," sagt er, „bekennen offenbar in diesem Brief, und thun kund, daß wir Konrad dem Freyberger, unserm Richter, dem Rath und der Gemeinde zu Deggendorf unsers und unsers Landes Huld gar und gänzlich haben gegeben, daß sie unsre Juden zu Teckentorf verbrannt und verderbt haben. Alles was sie den Juden genommen, heimlich oder öffentlich, soll ihnen bleiben, und was sie ihnen schuldig, dessen sollen sie lebig sein." (Die Urkunde ist datirt, Mittwoch vor Galli Tag (16. Oct.) 1338.)

Es wäre mir zwar nicht leid in dieser Sache allein zu stehen, aber zur Ehre unserer einheimischen Literatur muß ich bezeugen, daß alle gebildeten Schriftsteller der neuern Zeit über diese Geschichte dieselbe Ansicht äußern, welche

---

untergebracht, wo jeder seine Wahlverwandtschaft suchen kann. Zu gleicher Zeit wird ein Jahrmarkt gehalten mit Caroussel und Harfenistinnen, mit Lebzelten und — Gurken. Diese sind nämlich die Leibspeise der Böhmen, und sie erhalten für einen Kreuzer einen ganzen Teller voll des besten Salats. Lärmende Excesse, Raufereien sind selten, und es wirken in religiösem Eifer auch die Brauer dagegen, da sie nur Bier verleitgeben, welches sehr wenig berauscht. Dagegen wird mehr gestohlen, und die Taschendiebe machen sich namentlich in der Gnadenkirche bemerklich. Nach allen Berichten läßt das ganze Treiben nichts weniger als einen erhebenden Eindruck zurück. Gebildete Deggendorfer gehen um diese Zeit gewöhnlich aus der Stadt, um die unheilige Wirthschaft nicht mit ansehen zu müssen.

hier vertreten ist. Erschien doch schon im Jahre 1541 in Bayern eine Apologie der Judenschaft, welche Dr. Johannes Eck von Ingolstadt in einer sehr ungeschlachten Gegenschrift zu widerlegen suchte. Daß Michael von Bergmann (1783) die Entstehung solcher Geschichten nur den „pöbelhaften Köpfen" zuwies, haben wir oben gesehen. Seit dieser Zeit ist die öffentliche Meinung unwandelbar dieselbe geblieben. Selbst der geistliche Rath und öffentliche Lehrer des Kirchenrechts an der Hochschule zu Landshut, Dr. Anton Michl, hat sich in seiner Kirchengeschichte*) auf die Seite der Humanität gestellt, worüber sich Xaver Maßl in seiner Vorrede sichtlich ärgert.

Indessen wollen wir den damaligen Papst, Benedict XII. hieß er und residirte zu Avignon, doch auch noch zu Wort kommen lassen, ihm zum Ruhm und uns zum angenehmen Beistand. Nur ist der Brief den er damals, 28. August 1338, geschrieben, und welcher sehr lang ist, nicht, wie unser vaterländischer Geschichtschreiber Andreas Buchner andeutet, an den Herzog Heinrich von Niederbayern gerichtet, sondern an Herzog Albrecht von Oesterreich**). Wenn derselbe ferner berichtet, der Papst habe die That der Deggendorfer in hohem Grade mißbilligt, so

---

*) 2. Auflage. München 1812. S. 345.
**) Raynaldus, Annales ecclesiastici, ad annum 1338. Buchner, Geschichte von Bayern. V. 496.

müssen wir zur Steuer der Wahrheit erklären, daß wir eine Aeußerung des Papstes über diese That nicht vorgefunden haben. Derselbe Historiker sagt auch, Hartmann von Degenberg habe die Bewohner des bayerischen Waldes nach Deggendorf aufgeboten, was ebenfalls unrichtig ist und dem christlichen Ruhm der Deggendorfer Eintrag thut. Gleichermaßen irrt er, wenn er nur von Einer Hostie spricht und auch das Citat in seiner Note (Raynald. 1837, no. 18 seq.) ist unpassend. Wenn es auf etwas Mühe und Studium ankömmt, so herrscht überhaupt in diesen Dingen, die für so heilig gelten, bei uns eine Oberflächlichkeit und ein Schlendrian, die wahrhaft ekelig sind. In den Deggendorfer Buchhandlungen ist über das großartige Ereigniß, abgesehen von den Wallfahrtsbüchlein, nicht ein einziges Aufsätzchen oder Werkchen zu erfragen, das die Sache historisch anfaßte und aus dem etwas Verläßiges zu lernen wäre. Xaver Maßl's Schriftchen ist so verschollen, daß es mir in der Stadt des Wunders gar nicht genannt wurde. Erst Herr Kaspar Braun, der weitbekannte Holzschneider, machte mich darauf aufmerksam und erfreute mich durch dessen Mittheilung. So ist denn anzunehmen, daß die hohe und niedere Clerisei schon seit Menschenaltern ihre historische Kenntniß der Wundergeschichte lediglich aus den Kirchentafeln schöpfte, was allerdings etwas stark ist. Drum auf, ihr Stadtpfarrer und Decane, ihr Landpfarrer und Kaplane, erhebt euch von euern Ruhepfühlen und schreibt die Geschichte eurer Wallfahrten, schreibt sie critisch oder apologetisch, aber schreibt sie lieber selber, statt sie andern aufzuladen, die sie gar nichts angehen, wie das mehr oder weniger mit mir der Fall ist.

Das Schreiben, von dem wir oben ausgegangen, sagt aber im gedrängtesten Auszug etwa Folgendes:

"Es habe," beginnt der Papst, "der Herzog ihm geschrieben, wie man in seinem Land unter dem Stroh vor eines Juden Haus eine mit Blut besprengte Hostie gefunden, welche das Volk in die Kirche gebracht habe und dort verehre, weil es vermeine, die Juden hätten ihr alle Schmerzen angethan und sie gemartert. Deßwegen sei denn in jener Gegend eine große Metzelei der Juden vorgenommen worden, aber nicht so fast wegen jener Ursache, sondern, wie manche behaupten, um den Juden ihr Geld abzunehmen, was namentlich daraus erhelle, daß die Wuth des Pöbels jene Schlächterei ohne jedes rechtliche Verfahren und ohne Richterspruch gar grausam vollzogen habe. Ferner berichte der Herzog: es habe einmal in einem österreichischen Ort ein Geistlicher eine nicht consecrirte, mit Blut bespritzte Hostie ausgestellt, später aber vor dem Bischof von Passau und andern noch lebenden glaubwürdigen Personen das Geständniß abgelegt: er selbst habe diese Hostie mit Blut benetzt, um den Glauben zu erwecken, sie sei von den Juden schimpflicherweise zur

Verhöhnung des Heilands geschändet worden. Diese Hostie sei dann, nachdem sie einige Zeit als der wahre Leib Christi alle Verehrung genossen, von Würmern und Motten zerfressen und ganz verzehrt worden. Derselbe Geistliche habe jedoch, Frevel auf Frevel häufend, eine andere nicht consecrirte Hostie, die er selbst mit Blut gefärbt, an die Stelle der erstern gesetzt, und dieß nachher in der Beichte eingestanden. Es werde aber jene Hostie von den Gläubigen, die von dem Betrug nichts erfahren haben, noch immer höchlich verehrt. Eine ähnliche Geschichte habe man zum Verderben der Juden an einem andern Orte anzetteln wollen, allein mit Gottes Hülfe sei durch Beweise, klarer als das Mittagslicht, das Fälschliche des Versuches aufgedeckt worden.

Er, der Papst, habe nun dem Passauer Bischof aufgetragen, daß er bei solchen Vorkommnissen mit ernsten und verständigen Männern, die Gott vor Augen haben, fleißig und wohlbedacht, durch glaubwürdige Zeugen und auf andere Weise und durch jegliches Mittel, wodurch die Thatsache aufgehellt und sein Gewissen sichergestellt werden könne, die Wahrheit erforschen solle, damit ein solches Verbrechen, wenn es die Juden wirklich begangen, nicht ungestraft verbleibe. Wenn aber die Untersuchung deren Unschuld bezeuge, so möge er gegen die Urheber so fluchwürdiger Lügengewebe (tam detestabilis commentae nequitiae patratores), welche bereits die Hinschlachtung und Ausplünderung so vieler Juden veranlaßt, eine solche Unbeugsamkeit kanonischer Strenge entfalten, daß ihre Strafe Andern zur Besserung und zum abschreckenden Beispiel diene."

Diese Epistel wirft ein eigenthümliches Licht auf die Hostienmysterien jener Zeit. Man sieht wie damals das Mirakel mitunter zu Stande kam; man sieht auch, daß der heilige Vater seine Leute kannte. Wie würde er, der die Evidenz des Thatbestandes so streng und unerbittlich forderte, den Deggendorfer Mordtag beurtheilt haben, wo auch die Wuth des Pöbels die Schlächterei ohne jedes rechtliche Verfahren und ohne Richterspruch grausam vollzogen hat! Sein Ausspruch scheint in dem Briefe schon enthalten zu sein, doch überlassen wir jedem Leser ihn selbst zu suchen*).

---

*) Es ist auffallend, daß der Papst zu Avignon am 28. Aug. 1338 noch nichts von dem Deggendorfer Wunder gehört hatte; aber auch Herzog Heinrich zu Landshut wußte um Mitte Octobers, wo er seinen Brief erließ, ebensowenig davon, denn sonst hätte er es im Geiste der Zeit nicht unerwähnt gelassen. Es ist sehr wahrscheinlich, daß die Wundersage erst geraume Zeit nach dem Morde aufgebracht wurde. Scheint doch selbst Innocenz VIII., laut seiner Bulle vom 1. Nov. 1489 (bei Sartorius S. 152), noch ganz unbekannt mit ihr; denn wenn er von der Grabeskirche sagt, daß sie die Reliquien vieler Heiliger beiderlei Geschlechts bewahre, so ist dieß doch gewiß nicht der technische Ausdruck für den eucharistischen Christus. Auch die Grabeskirche scheint keinen ursprünglichen Zusammenhang mit dem Ereigniß zu haben, denn sie wäre sonst wohl St. Salvator benannt worden, nicht Peter und Paul.

Seit jener Zeit aber blühte die Andacht zu Deggendorf in stillem Frieden. Während andere Leute philosophische Systeme ausdachten, die nordwestliche Durchfahrt versuchten, Planeten entdeckten, Telegraphen erfanden, Pfahlbauten ausgruben, breiteten die Deggendorfer in ihrem feinen Städtlein, so bekanntlich in Niederbayern an der Donau gelegen, alle Jahre zur „Gnadenzeit", nämlich von Michaelis bis Francisci (29. September bis 4. October) ihre Arme aus, empfingen mit Freundlichkeit die zahlreichen Schaaren der heranströmenden Wallfahrer, zeigten ihnen Ahle, Dorn und Hostien, hielten einen gewerbsamen Jahrmarkt, tractirten ihre bessern Gäste mit leichtem Bier, mit Voressen, Sauerkraut und Schweinshaxeln, warfen mitunter einen Andächtigen, der sich betrunken hatte, zur Thüre hinaus und priesen dankbar ihre Ahnen, die durch eine heroische That nicht mehr verstandener Frömmigkeit sowohl für die Ehre Gottes, als auch zum Gedeihen ihrer Nachkommen so verdienstlich zu wirken gewußt. Im Jahr 1837 wurde das halbtausendjährige Jubiläum begangen, wobei der hochwürdige Bischof von Regensburg die Feier in Begleitung von fünfundvierzig Priestern eröffnete. Ueberhaupt sind die Bischöfe von Regensburg und Passau in diesem Jahrhundert schon öfter zur Gnadenzeit gekommen und den anderen Gläubigen in allen Andachtsübungen vorangegangen. Wenn wir dies betrachten, bleibt uns nur die bange Wahl, entweber an der. historischen Bildung dieser Kirchenlichter zu zweifeln, wenn sie das Hostienmärchen für Thatsache, oder an ihrer theologischen, wenn sie es für ein Wunder hielten, oder an ihrer — Aufrichtigkeit, wenn sie nur als lachende Auguren mitgingen.

Wir wollen übrigens noch etwas weiter zurückgehen und anmerken, daß sich Johann Christoph Freiherr von Aretin in seiner Geschichte der Juden in Bayern (Landshut, 1803), die, obwohl in glaubensloser Zeit geschrieben, doch viel mehr Christenthum athmet, als die jetzigen Wallfahrtsbüchlein, also vernehmen läßt: „Daß auch eine Litanei, die voll von fanatischen Beschimpfungen der Juden war, jährlich in Deggendorf gehalten, und der Pfarrer Golling, der sie abstellen wollte, durch die damalige Inquisition unglücklich gemacht wurde, ist ohnehin bekannt." Dieses ist zwar jetzt nicht mehr „ohnehin bekannt," allein wir glauben es dem edeln Freiherrn auf sein ritterliches Wort*).

Zu seiner Zeit wurde auch noch zur Erbauung des christlichen Publicums ein Trauerspiel in fünf Aufzügen gegeben, welches er dankenswerth in voller Breite mittheilt. Es nennt sich „Der Religionseyfer, oder die Ausrottung der Juden in Deggendorf," und bewegt sich natürlich in den edelsten Empfindungen. Es ist, so zu sagen,

---

*) Vergl. auch Zschokke's Bayerische Geschichte. 6. 14.

rührend, namentlich durch seine Albernheit„ aber auch dadurch, daß der bäuerliche oder bürgerliche Verfasser die Bedenken, die ihm sein natürliches Gefühl gegen den Mordanschlag eingiebt, durch anderweitige Betrachtungen, die er für christlich hält, immer wieder niederzukämpfen sucht.

Man hat es auch nie versäumt, das bildende Element das in dieser Geschichte liegt, dem Volk auf alle Weise zurechtzulegen und näher zu bringen. Selbst das schöne, aber doch so weit entfernte Dorf Grassau am Chiemsee hat noch seine Tafeln, welche „die wundervolle Geschichte des allerheiligsten Sacramentes zu Deggendorf" darstellen und unter dem elften Bilde, das die Ermordung der Juden enthält, ist getreulich jener Text zu lesen, den wir oben schon erwähnt haben.

Ich bedaure das Volk, dem solche Speise geboten wird, sagte August von Platen in der Kirche zu Fischbachau, als er von den Wunderkräften des heiligen Scapuliers predigen hörte. Dürfen wir nicht noch mehr die blöden Wallfahrer von Deggendorf bedauern? Und ist es zu viel gesagt, wenn wir behaupten, daß die oftbeklagte Rohheit und die blutigen Thaten unseres Landvolks auch daher rühren, daß ihm solche Speise geboten wird? Daß es wenigstens nicht besser werden kann, solange ihm Raub und Mord, sei es auch nur an Juden verübt, als gottgefälliges Werk empfohlen werden?

Es ist Zeit zu Ende zu kommen. Mir ist gerade, als ob ich mir die Hände waschen und das Blut abspülen müßte nach dieser schauerlichen Arbeit. So viel scheint sie aber jedenfalls dargethan zu haben, daß der „angebliche" Judenmord zu Deggendorf eine Thatsache von erschreckender Wirklichkeit ist. Was aber den hieratischen Theil der Geschichte betrifft, so hoffen wir, daß man in Deggendorf wohl eben so viel Freiheit haben werde, wie nach Dr. Erhard, in Passau, nämlich von der Sache zu glauben was man will. Und unter dieser Voraussetzung glaub' ich denn „den eucharistischen Christus" ehrerbietigst als nicht betheiligt erwiesen und ihn dadurch aus einem wüsten, blutrünstigen Abenteuer erlöst zu haben, welches nichts zu seiner Glorie beitragen und in das ihn nur sehr unverständige Freunde verwickeln konnten.

Es sind nun zwei Jahre vergangen, seitdem diese erste critische Behandlung des Deggendorfer Wunders an's Licht getreten. Der müßte aber unsre Leute nicht kennen, der da glauben sollte, daß sie den geringsten Einfluß gehabt. Man hält's nicht für gut, das Wunder fallen zu lassen, obgleich man innerlich von seiner Unwahrheit überzeugt ist. Die „Gnadenzeit" wurde in den beiden letzten

Jahren wieder mit herkömmlichem Gepränge begangen. Auch einige Prediger, darunter, wie man sagt, ein paar Regensburger Jesuiten, traten auf und donnerten von der Kanzel herab, wie einst Rabus und Sartorius, gegen die nasewitzigen Clamanten, die Schänd- und Lästerteufel, welche gegen den unheiligen Aberglauben die gesunde Vernunft anrufen. Nur das Landvolk scheint in sich zu gehen und sich des sündhaften Treibens zu schämen, denn die Zahl der Wallfahrer mindert sich von Jahr zu Jahr.

Nachtrag.

Bald nachdem „der Judenmord zu Deggendorf" in der Allgemeinen Zeitung erschienen war, trat eine kleine Schrift ans Licht, welche den Titel führt: „Die heiligen Hostien und die Juden in Deggendorf. (Mittermüller gegen Steub.) Landshut 1866. Druck und Verlag der Joh. Thomann'schen Buchhandlung." Die Brochüre soll eine Widerlegung der erstgedachten Abhandlung enthalten.

Abgesehen von einigen wenigen Stellen, in denen sich der Verfasser vielleicht zu sehr gehen ließ, ist sie mit einem Anstand geschrieben, wie er in den clericalen Wachstuben jetzt selten gefunden wird. Ein besonderer Abschnitt des Schriftchens ist gegen die Note gerichtet, welche jetzt oben S. 135 steht. Aus Ablaßbriefen, welche noch im Original, mit Siegel und Unterschrift gehörig versehen, im Deggendorfer Pfarrarchive liegen, thut der Verfasser dar, daß die heilige Grabkirche schon kurze Zeit nach dem Wunder erwähnt werde. Schon im Jahre 1361 spreche Bischof

Friedrich von Regensburg von der capella corporis Christi, im selben Jahre Papst Innocenz VI. von der capella corporis Christi et St. Apostolorum Petri et Pauli; ja, Bonifaz IX. erwähne im Jahre 1391 sogar schon die ecclesia corporis Christi ad sanctum sepulchrum, also die heilige Grabkirche, wie sie jetzt noch genannt werde. Wir lassen dies unbestritten, finden aber doch höchst auffallend, daß diese ungedruckten Ablaßbriefe, die wohl eben so weitschweifig und geschwätzig abgefaßt sein werden, wie die gedruckten aus jener Zeit, kein Wort von dem Wunder enthalten, von einem Wunder, das doch, wenn es wahr wäre, zu den ergreifendsten und durchschlagendsten der ganzen Christenheit gezählt werden müßte. Man kann also nur annehmen, entweder, daß in der zweiten Hälfte des vierzehnten Jahrhunderts zwar eine Grabkirche, aber noch keine Wundersage bestand, denn daß erstere ohne letztere vorhanden sein konnte, wird wohl zugegeben werden — oder daß die Deggendorfer im Hinblick auf die Bulle Benedict's XII. ihr Wunder für sich behielten und beim päpstlichen Stuhle gar nicht anmeldeten oder endlich, daß der päpstliche Stuhl sich weislich in Acht nahm, über das Deggendorfer Mirakel ein Wort der Anerkennung fallen zu lassen. Für die Beurtheilung der Wundergeschichte ist es übrigens ganz gleichgiltig, ob die Grabeskirche früher oder später erwähnt wird.

Im Uebrigen wird mir Herr Professor Mittermüller

gern zugeben, daß er die Wundergeschichte nicht gerettet
habe, daß sie nach seinen Bemühungen noch eben so un=
glaubwürdig und unwürdig sei, wie vorher. Ueber die
Cardinalfrage äußert er sich auch gar nicht. Diese Frage
ist aber augenscheinlich so zu stellen: „Kann die katholische
Theologie, wenigstens die Gottesgelahrtheit unserer Zeit,
der Gottheit, ohne sie zu entwürdigen, ein Wunder zu=
schreiben, wie es zu Deggendorf geschehen sein soll?"
Sollte es unserem lieben Herrgott nicht bekannt sein, daß
die Juden nach ihrem Glauben in der Hostie nur ein in=
differentes Mehlscheibchen sehen müssen, gerade wie die
Protestanten in den heiligsten Reliquien nur indifferente
Knochen sehen? Wissen wir gewiß, ob Hostien, wenn sie
mit Ahlen gestochen werden, Schmerz empfinden? Und dieß
zugegeben, wissen wir nicht ganz gewiß, daß schon viel edle
Christen und Heiden, die das süße Leben gewaltsam ver=
loren, ihren Mördern noch mit dem letzten Athemzuge ver=
ziehen haben? Die Gottheit hat aber bei jener Gelegenheit
gar nichts verloren und es ist, wie wir schon oben gesagt,
unsittlich, ihr eine Rachsucht zuzuschreiben, wie sie nicht
einmal jene sündigen Christen und Heiden an den Tag
gelegt. Um das Wunder aufrecht zu erhalten, legt man
der Gottheit Leidenschaften bei, welche jeden gewöhnlichen
Menschen entehren würden. Wo bleibt da der allgütige
Vater der Menschheit? Auch kann noch in Betracht gezogen
werden, daß die Juden vorzugsweise das religionenschaf=

fende Volk sind; daß wir ihnen nicht allein das alte, sondern auch das neue Testament verdanken, daß unser eigener Gott sie schon einmal sein auserwähltes Volk genannt und dieses Prädicat meines Wissens nie zurückgenommen hat. Die welthistorische Pique, welche wir dem allerhöchsten Wesen gegen die Juden zuschreiben, kann recht leicht ein christlicher Aberglauben sein. Die unglücklichen Enkel Abrahams wurden im neuen Bunde von unmenschlichen Christen schon dermaßen gefoltert und gemartert, daß der allgütige Gott gewiß nicht nöthig fand, selber auch noch mitzuhelfen. Ferner spricht für das Deggendorfer Wunder gar kein Opportunitätsgrund. Die Christen glaubten schon damals alle an das Dogma der Eucharistie, die Juden glauben heute noch nicht daran — das Mirakel war also nach beiden Seiten hin ein Ueberfluß.

Ueber jene Frage also, Herr Professor Mittermüller! sind wir allerdings einiger tröstlicher Aufklärungen noch gewärtig.   Hic Rhodus, hic salta.

Alles zusammengenommen wird aber Herr Professor Mittermüller selber zugestehen, daß das Wunder, welches H. Heine als Traumgott wirken wollte, nämlich:

> .Die Pflastersteine auf der Straß,
> Die sollen jetzt sich spalten,
> Und eine Auster, frisch und klar,
> Soll jeder Stein enthalten.

Ein Regen von Citronensaft
Soll thauig sie begießen,
Und in den Straßengossen soll
Der beste Rheinwein fließen —"

daß dieses Wunder, wenn es eine Wahrheit würde, jedenfalls viel opportuner, menschlicher, christlicher und göttlicher wäre, als jenes, welches die gräßliche Deggendorfer Sage dem milden Gott der Christen in die Schuhe schiebt.

Das Deggendorfer Lied.

Von Teglendorff das Geschicht
Wie die Juden das hailig sacrament haben zügericht
Werdt jr in diesem Büchlein verston
Was den schalkhafftigen Juden ist worden zü lon.

(Hier folgt ein Holzschnitt, zwei Engel, welche eine Monstranz emporhalten.)

Was yemandt singet oder sayt.
von got vnd von der christenhayt.
Warhait tregt die höchsten kron
auff erden vnd in hymels thron
Darumb soll ich das ellend bawen*)
das ich vor herren vnd vor frawen
Wol für die warhait mag yehen**)
was ich mit augen hab gesehen
Zū Teglendorff ja in der stat
ain frommer burger mich da bat
Das ich mit jm gieng hynabe
in die Kirch zūm hailigen grabe
Vnd schawet an den grossen mort
den die falschen Juden dort
Am sacrament haben gethon
das mügt ir hye gar wol verston
Do ich das grosse mordt ersach
zū dem burger ich da sprach

*) Das Elend bauen = in die Fremde, ins Elend gehen.
**) yehen = sagen.

Von wannen ist das sacramendt
kommen in der Juden hendt
Der burger gab antwurt mir
das will ich warlich sagen dir
Das thet ain christenliches weib
die dient aim Juden vngetreiw
Er kam mit ir in ain kauff
er sprach, du in die kirchen lauff
Bring mir das sacrament ich sag
noch heür gen disem Ostertag
Darumb ich dir vil pfenning zal
die fraw das Sacrament da stal
Vnd brachts den falschen Juden dar
der was so vil an ainer schar
Die Juden giengen schier*) zů radte
do sy das sacrament ein brachte
Darmit triben sy iren schal
ain Jud drein stach mit ainer al
Turch seinen falschen übermůt
das man das rosenfarbe blůt
Sach pur hertringen also gschwind
auff dem prot da stůnd ain kind
Das ander zaichen thůt mir zorn
ain Jud mit ainem hagendorn
Der wolt seinr boßhait sich ergetzen
das sacrament wolt er zerfretzen
Wie vast**) er auff dem prot vmbstrich
das kind von dem prot nit wich
Das dritte zaichen vngeheiwr
ainn osen haiß mit ainem feiwr
Darein legt man das sacrament
es blyb von dem feiwr vnuerbrennt
Got der all diß welt behalt
dem schadet weder haiß noch kalt

*) schier = sogleich.
**) vast = fest, sehr.

Das vierdte zaichen das ist groß
hammer, zangen, vnd amboß
Liessen ju die Juden tragen dar
darauff das sacrament so klar
Thetten sy mit hämern schmiden
got het vor den Juden kain friden
Zům fünfften thů ich eüch kunt
ain Jud der legt in seinen mund
Das sacrament, die hymelspeiß
got in aines kindlins weiß
Auff dem prot stůnd hyndan
das macht deß falschen Juden ban
Zům sechßten mal ich eüch beschaid
Maria die kam mit grossem laid
Sy sprach, ir falschen Juden blind
wie marteret ir mir mein kind
Mit ir kam der Engel schar
ain liecht schön lautter vnd auch klar
Der Juden mordt das brach do auß
ain wachter gieng für das hauß
Er hort von Maria grosse klag
die langen nacht biß an den tag
Der wachter gieng also brat*)
vnd sagts den herren in dem radt
Die herren giengen mit jm dar
der Juden mordt ward offenbar
Zům sibenden mal ward gestifft
der Juden kätzeliche**) gifft
Legten sy in alle die prunnen
innwendig gifft ward do gefunden
Vnd vil starben deß gähen tod
erst hůb sich da klägliche nodt
In der stat vnd auff dem lanndt
Zům achten mal sey eüch bekannt

---

*) brat = alsbald, sogleich.
**) kätzelich, wohl ein Druckfehler für kätzerlich, ketzerlich.

Fünffzig man in der selben stund
die schwůrn zůsamen ainen bund
Auff des hailigen creützes schilt
do sach man naigen sich das bildt
Zů Schachnig in der kirchen schon*)
da ward der selbig ayd gethon
Auß den fünfftzigen ainer sprach
nun merken eben dise sach
Was ich hye mit worten bedeüt
wenn man zů sant Martin leüt
So solt ir alle sein berait
über die falschen Jüdischait
Das gschach an ainem morgen frů
die thor sperret man alle zů
Herr Hartman zů Natterberg genannt
pfleger der stat vnd auff dem landt
Do er nun die mär vernam
wie bald er an die stat kam
Er sprach, ir burger laßt mich ein
so will ich eüch beholffen sein
Der pfleger kam mit seinem höre
die Juden satzten sich zů wöre
Noch sigt man den Juden an
baide frawen vnd auch man
Do man der Juden hauß verbrannt
das neundte zaichen ward bekannt
Das sacrament kam geflogen
auß dem feüwer gar vnbetrogen
Vnd es ob den leütten schwebt
ain alter schmid on sünde lebt
Der sprach, herr mag es gesein
so setz dich auff den beltz mein
Das sacrament sich nyder ließ
gar bald on allen verdrieß

———
*) schon = schön.

Dem schmid da in sein schoß
Das was das zehend zaichen groß
Die wirdig priesterschafft kam dar
auch sunst vil leüt, ain grosse schar
Das aylffte zaichen thů ich kund
ain priester jung on alle sund
Der was erst zů priester worden
zů nydern Altach Benedicter orden
Der hat das sich iu seine hendt
ee er noch sein dreſſig*) meß vollendt
ließ das hochwirdig sacrament
Aynilff stuck als ich es laß
Was ich rede oder sag fürbaß
Sunst ist zaichen vil geschehen
etlich blind die wurden gesehen
Etlich lamb die wurden gerecht
etlich krumbb die wurden schlecht**)
Das alles vermag die gottes krafft
lob hab die wirdig priesterschafft
Das sy mit worten in ain prot
bringen herab den zarten got
Auß dem zeet die seel vnd der leib
in alle lannd ich das schreib
Diſe zaichen wol bekannt
die gſchehen seind im Bayernlannd
Zů Tegkendorff bey dem bailigen grab
wer chriſtenlichen glauben hab
Mag ſchawen diſe zaichen an
als ich es geleſen han
Sy ſeind geschehen offenbar
nach chriſti geburt dreyzehenhundert jar
Syben vnd dreyſſig dabey
got laß vnß aller ſünden frey Amen.

---

*) dreſſig?
**) lamb = lahm; ſchlecht = gerade.

III.

Die Wandbilder des bayerischen Nationalmuseums.

Die Wandbilder des bayerischen Nationalmuseums,

historisch erläutert von Dr. Karl von Spruner, ordentl. Mitglied der königl. Akademie der Wissenschaften. München, 1868.*)

Dieses Buch fällt in eine böse Zeit — es ist nichts mehr mit der Weltgeschichte! Wilhelm Tell, Arnold von Winkelried, Seifrid Schweppermann zergehen in poetisches Nichts; die schönsten Sprüche, wie Finis Poloniae — la garde meurt, mais elle ne se rend pas und dergleichen, gehören ins Fabelreich. Wer hält jetzt den König David noch für einen musterhaften Regenten? Seit Mommsen hat selbst die römische Geschichte aufgehört eine Fundgrube erhabener Männer zu sein. Cato und Cicero sind auch

---

*) Zuerst erschienen am 10. März v. J. u. ff. in der A. Allgemeinen Zeitung, jetzt bedeutend erweitert, wozu namentlich Sugenheim's „Bayerns Kirchen= und Volkszustände im sechzehnten Jahrhundert" (Gießen 1842) und A. von Bucher's sämmtliche Werke (München 1835) benutzt wurden. Es ist bezeichnend für unsere literarische Enthaltsamkeit, daß letzterer, einer der besten Autoren bayerischer Zunge, hier zu Lande fast unbekannt ist.

keine größern Charaktere gewesen als der Herr Bürgermeister * und der Herr Volksredner **, die noch unter uns leben. Wenn man vor hundert Jahren noch Hexen verbrannte und die armen Sünder mit glühenden Zangen zwickte, so wankt selbst der Glaube an die „christliche Civilisation", von der wir in vergangenen Zeiten so vieles hören und so wenig sehen. Fast eben so geht es mit der ewig waltenden Gerechtigkeit! Von dem alten Einzug der Juden in Kanaan bis zu dem neuen der Preußen in Nürnberg ist eigentlich jedes große Ereigniß ein Unrecht gewesen, aber die Nemesis macht sich meistens schamlos aus dem Staube. Und was das Mittelalter betrifft — was gelten sie jetzt noch, die uns in den Jugendschriften entzückt, die wehenden Banner nämlich, die Drommetenstöße im Wald, die ragenden Burgen, die fahrenden Ritter und Fräulein, die goldenen Rüstungen und die jungen Turnierhelden darin, die herrlichen Hochzeiten und die prächtigen Krönungsfeste? — sie verhüllen die breite Nachtseite jener Jahrhunderte voll Blutdurst, Habsucht und Treulosigkeit eben so wenig, als der frisirte Corydon und die parfümirte Phyllis den wüsten Gestank verdecken, den, bei näherer Betastung, „die gute alte Zeit" des Rococo aufsteigen läßt.

Die Historie des engeren Vaterlandes hat aber auch ihre Bedenken. Es ist selbst die bayerische Geschichte nicht leicht so herzuschreiben, daß man sie noch einmal erleben möchte. Nach einer alten Sage, die wir aber nicht ver-

bürgen wollen, stand König Bajuvarus mit seinem zahl=
reichen Volk einst im Böhmerwald und hatte drei Söhne,
deren ältester seinen eigenen Namen trug, und zwei jüngere,
Austrius und Tirolis. Also sprach er zum jüngsten: „Zeuch
aus gen Mittag über Berg und Thal, bis du ein Wasser
siehst, das da heißt die Etsch. Dort mach' dich breit und
laß dich nicht verdrücken." Darauf sprach er zu Austrius:
„Zeuch aus gen Aufgang an dem Donaustrom; dort wirst
du auf wilde Völker treffen; erst schlag sie nieder und dann
lehre sie das Christenthum." Darauf zum ältesten: „Dir
fällt das fruchtbare Flachland zu, das da unten liegt, von
hier bis zum Gebirge. Also seid ihr alle wohl versorgt,
und so ihr zusammen haltet und mit Weisheit um euch
greift, so könnt ihr dereinst das ganze deutsche Reich ein=
thun, denn eure Macht geht den andern vor. Nach drei=
zehnhundert Jahren komme ich wieder, um zu sehen, wie
es euch ergangen." — Aber als Vater Bajuvarus jüngst
nach seinem Versprechen durchs Land gepilgert, soll er
seine Enkel alle etwas verstimmt getroffen haben. „Ich
hoff' auf's Jenseits und bedeut' nicht viel," sagte Tirolis.
„Und die Welschen werden immer mächtiger im Land."
„Ich seh' vor Schulden nicht aus den Augen," sagte
Austrius, „weiß überhaupt nicht, wie lang's noch dauert."
„Mir wär' auch wohler, wenn ich anders wäre," sagte
Bajuvarus junior; „so wie ich bin, kann ich leicht ver=
schluckt werden." „Ja, habt ihr denn nicht zusammenge=

halten, wie ich euch gesagt?" "Ach nein, die Herren haben uns bald auseinandergerissen und einen auf den andern gehetzt." "Der hat mich bei Ampfing geschlagen." — "Und der mich bei Blindheim." Und so weiter. "Es giebt überhaupt keine Zeit, wo wir uns nicht einander geschädigt, verwüstet, ausgeraubt und ausgemordet haben." — Vater Bajuvarus verhüllte das Haupt und ging wieder seiner Wege.

Nach unseren jetzigen Begriffen von Vaterland ist es begreiflich, daß die Schulkinder diesseits des Inns jene Siegestage bejubeln müssen, welche die Schulkinder auf der andern Seite als Niederlagen beweinen, während der abstracte Bajuvare in allen solchen Heldenthaten, ob man nun zu München, zu Wien oder zu Innsbruck das Tedeum dafür gesungen, eigentlich doch nichts anderes sehen kann, als Prügeleien im Vaterhaus.

Bleiben also noch die Siege über die Fremden, Siege wie bei Brienne und Bar sur Aube — aber der Gedanke, daß die Deutschen ihre Fürsten damals nur befreit, um selbst in deren Knechtschaft zu verfallen, vergällt die Erinnerung an den hochherzigen Enthusiasmus, der jene Tapferen ins Feuer führte. Die eigentliche Freiheit mußte und muß doch erst auf deutschem Boden durch Ausdauer, Muth und Geisteskraft errungen werden.

Aber wir wollten ja eigentlich ein Buch besprechen. Es versteht sich, daß die Wandgemälde des bayerischen

Museums auch eine historische Erklärung finden mußten. Nur war zu wünschen, daß der Text nicht in die Schwäche verfalle, welche leider so manche dieser Bilder auszeichnet. Herrn von Spruners lange Beschäftigung mit bayerischer Geschichte ließ auch in der That eine Arbeit erwarten, welche mehr der Höhe des Maximilian'schen Gedankens, als seiner oft mangelhaften Ausführung entspräche. Nach dem Titel würde nun vielleicht mancher einen Leitfaden, eine kurzgefaßte Auslegung der Bilder erwarten, allein er findet da vielmehr ein Handbuch bayerischer Geschichte. Der Verfasser hat sich nämlich nicht darauf beschränkt, die einzelnen Gemälde für sich zu glossiren, sondern war immer auch bedacht, den Zusammenhang des nächsten mit dem vorhergehenden herzustellen. So ist benn das Buch, wenn auch für schnell durchgehende Beschauer nicht verwendbar, doch eine anregende Gabe für häusliche Lectüre geworden. Daß der Verfasser schon in der Vorrede sich einer Ahnung hingiebt, er möchte vielleicht manchem nicht devot und loyal genug erscheinen, erweckt bei andern wohl nur ein günstiges Vorurtheil. Des Historiographen Stellung in der nächsten Nähe des Monarchen läßt auf seine Anschauungen bayerischer Geschichten nur um so gespannter werden. Es muß aber in jenen Regionen ein sehr entwickelter Freimuth herrschen, wenn man dort solche Bücher schreiben kann. Wer etwa ausginge, den Verfasser auf einer Schmeichelei zu ertappen, würde Zeit und Mühe umsonst verlieren.

Vielmehr theilt derselbe mitunter aus wenig bekannten Quellen einzelne Züge mit, die um so mehr überraschen, weil er sie spendet.

Der Bilder erstes stellt die Römer in Bayern dar, nachdem sie bei Grünwald an der Isar, das sie Bratananium nannten, eine Brücke geschlagen und Verschanzungen, die noch zu sehen, aufgeworfen hatten. Darnach mögen wir betrachten, wie der heilige Severin den verlassenen Römern im Noricum das Christenthum predigt und dann folgt die Zeit der Agilolfinger, die anmuthige Geschichte von König Autharis und Theodolinden und wie Herzog Tassilo Herren-Chiemsee gründet.

Unter den letzten Nachkommen des großen Karl wird in Bayern Luitpold, der Markgraf, berühmt, der sichere Ahnherr der Wittelsbacher. Damals war große Noth wegen der Ungarn. Markgraf Luitpold zog mit seinem Heerbann aus und hinunter bis aufs Marchfeld. König Ludwig, das Kind, war auch bei dem Zuge. Aber die Bayern allein — und andere halfen ihnen nicht — waren zu schwach und unterlagen. Ein lebensvolles Bild vergegenwärtigt die unglückliche Schlacht, deren Schauplatz bei Theben und Haimburg an der Donau war. Der Markgraf mit drei bayerischen Bischöfen kam ruhmvollen Todes um. König Ludwig flüchtete nach Regensburg; die Ungarn verheerten das Land, schleppten die Bewohner in die Sklaverei, verbrannten alle die frommen Stifter, welche die Agilolfinger gegründet. Es herrschte unermeßliches Elend im Bayerlande. Doch auch der Tag der Rache blieb nicht aus. Ein späteres Gemälde in der schwäbischen Abtheilung stellt die Ungarnschlacht auf dem Lechfelde vor, welche am Lorenzitag 955 geschlagen wurde und Deutschland auf ewige Zeiten von dieser Landplage befreite.

Das nächste Bild, "Vergleich Herzog Arnulfs mit König Heinrich I. vor Regensburg (920)," bringt uns Zustände vor Augen, denen unsere heutigen abgerissen ähnlich sind. Wieder, wie vor neunhundert Jahren, handelt sich's um Bayerns Stellung zum Reiche. Der Verfasser hält den Ort nicht für ungeeignet, auch seinerseits einen kleinen politischen Excurs zu wagen. Er giebt über jenes Verhältniß ein Programm, welches seine Widersacher, wenn er deren haben sollte, kaum particularistisch finden werden, und welches ihm den Weg ins Zollparlament, wenn er sich dazu gemeldet, auch bei den Freisinnigen schwerlich versperrt hätte.

Fort und fort durch Säle und Hallen laufen die Gemälde, einhundertdreiundvierzig an der Zahl. Neben allerlei Haupt- und Staatsactionen, Allianz- und Friedensverträgen, die wieder gebrochen wurden, Erwerb von Ländern, die schnell verloren gingen, Krönungen, denen alsbald die Landesflucht des Gekrönten folgte, prachtvollen Hochzeiten, die zu unglücklichen Ehen führten, und blutigen Schlachten, die nur die deutsche Zwietracht bestätigten, sehen wir doch auch manches Bild, das uns gemüthlicher anspricht. So z. B. wie Herzog Heinrich der Löwe, nachdem er dem Bischof von Freising seine Zollstätte zu Föhring und die Brücke niedergebrannt, unsere treffliche Stadt München gründet — auch eines der vielen Unrechte in der Weltgeschichte, welche die Nachkommen, in diesem Falle die behäbigen Münchener Bürger, wohl nicht ungeschehen machen möchten.

Von da an bietet Altbayerns innere Geschichte noch weniger Erquickung als vorher. Weder ihre Frömmigkeit, noch die Pflicht gegen ihre Völker, noch die Gefahr der eigenen Vernichtung hielt die Wittelsbacher ab, sich immer unter einander zu zerfleischen. Der Haß der Brüder und der Vettern war unauslöschlich. Kaiser Ludwig hatte seinem Hause Tirol, Brandenburg und Holland zugegeben — ein Festungsdreieck, welches das ganze deutsche Schachbrett beschießen und allmählich vereinigen konnte, aber unter den Söhnen und Enkeln ging alles wieder dahin. Von seinem Tode bis zur Einführung der Erstgeburt rauchte das Land, beständig getheilt und wieder getheilt, von unaufhörlichen Fehden der Herren. Der Münchener und der Ingolstädter haßten sich damals eben so tief als zur Franzosenzeit der Bayer und der Oesterreicher. Wie ferner Herzog Maximilian von Bayern und Kurfürst Friedrich von der Pfalz mit einander gestanden, ist weltbekannt. Auch Karl Theodor, der andächtige Potentat, der vorher zu Mannheim gesessen, konnte es den Altbayern nicht verzeihen, daß sie lieber den Pfalz-Zweibrückern, die er haßte, als den Habsburgern zufallen wollten, welche ihm für sein Stammland das Königreich Burgund zugedacht.

Das sind bekannte, aber traurige Geschichten, von denen auch einige der Bilder erzählen.

Erhebend wirkt dagegen noch heutzutage der Bauernaufstand vom Jahr 1705, an Heldenmuth leicht dem Tiroler „Befreiungskrieg" von Anno Neun zu vergleichen, obwohl mit noch ärgerer Enttäuschung gelohnt; denn der alte Max Emmanuel, für den sich das Volk geopfert, blieb derselbe Prasser und Wüstling, der er in jungen Tagen gewesen, und sein Sohn Karl Albert übertraf ihn noch in der Kunst, den letzten Pfennig aus den hungernden Unterthanen herauszuschinden. Betrachtend, wie damals der gut christliche Kaiser Joseph I. die bayerischen Landesvertheidiger, die für ihren Fürsten aufgestanden, viertheilen und die vier Stücke in den vier Rentämtern aufhängen, ihre Häuser niederreißen und einen Galgen darauf errichten ließ, während König Max I. hundert Jahre später in Tirol nicht eine That der Rache begehen und des Speckbachers gefangenen Buben in München auf seine Kosten erziehen ließ — dieses betrachtend möchten unsere Prediger vielleicht doch zugeben, daß das ungläubige achtzehnte Jahrhundert nicht ohne gute Frucht vorübergegangen und daß ein Jahrhundert des — Fortschritts die Menschen menschlicher gemacht und das wahre Christenthum näher gebracht, als ein Jahrtausend der Ketzergerichte, Hexenverbrennungen und Judenmorde. Der Erinnerung an die treuen Bauern sind drei Gemälde gewidmet.

Die Bilder laufen übrigens, nachdem die Pfalz bedacht, dem Wittelsbacher Zuge folgend, bis nach Schweden und Norwegen und schildern auch die Thaten Karls X. und Karls XII., vor denen wir zweifelnd stehen, da wir bisher nicht gewohnt waren, diese gekrönten Häupter als unsere Landsleute zu betrachten. Dann folgt Franken und Schwaben. Im fränkischen Cyklus haben auch Walter von der Vogelweide und Wolfram von Eschenbach freundliche Angedenken erhalten. Sehr interessant zu lesen ist das Capitel über Martin Behaim, den Nürnberger Patricier, und die Entdeckungsreisen, die er in portugiesischem Dienst an der Westküste von Afrika unternommen. Noch erfreulicher der Abschnitt über des alten Nürnbergs Blüthezeit, dem dann ein späterer über die schönen Tage Augsburgs entspricht. Wie letzteres Bild vielleicht das beste der Sammlung, so sind auch diese Schilderungen, vom Verfasser mit besonderer Wärme behandelt, vielleicht die erquicklichsten Gaben seines Buches. Man hat nicht, wie bei den Krönungen und Schlachten, das Gefühl, daß doch nichts dabei herausgekommen, sondern man weiß, daß die großen Männer jener Zeit für alle Zeiten gelebt und ge-

wirkt haben. Während die Ritterschaft draußen auf der
Haide sich und andern die Köpfe einschlug, erblühte dort
hinter den Mauern der Fleiß des deutschen Bürgers,
erhob sich der Genius der deutschen Kunst. Die Kenntniß
der classischen Literatur, die milden Lehren der großen Hei=
den reinigten die Gemüther von dem Wuste des Mittel=
alters und ließen sie frohen Auges in eine schöne Zukunft
blicken — welche leider die Dogmatik und ihr dreißig=
jähriger Krieg wieder auf viele Menschenalter hinaus=
schoben.

Nicht wenige der Gemälde versinnlichen auch die son=
derbare Geschichte der altbayerischen Bildung. Wir sehen
wie Ludwig der Reiche die Hochschule zu Ingolstadt (1472)
stiftet, wie Johannes Thurmayer, genannt Aventinus, die
beiden Herzogssöhne in der Geschichte des Vaterlandes
unterrichtet, wie Orlando di Lasso zum herzoglichen Ca=
pellmeister ernannt (1562), wie der Anfang zu den
Münchner Sammlungen gelegt wird, wie Kurfürst Max III.
die Akademie der Wissenschaften gründet u. s. w. Da sich
der Verfasser, wie schon angedeutet, nirgends auf eine
trockene Erklärung der Bilder beschränkt, sondern den
jeweiligen Stand der Dinge in seiner Gesammtheit zur
Sprache bringt, so finden sich auch bei solchen Anlässen
reichhaltige Ausläufer in unsere Culturgeschichte. Nach
seinem Beispiel wollen auch wir uns in einige Betrach=

tungen verlieren, die aber von den seinigen durchaus unabhängig sind.

Nach dem Worte Jakob Grimm's hat sich in den alten Schwaben und Bayern die ganze Natur und Gewalt der hochdeutschen Sprache, sowie unserer altdeutschen Poesie am mächtigsten kundgegeben. Der Sänger der Nibelungen ist ja auch unser weiterer Landsmann. In Luther's Tagen war das Volk noch hellen Auges und geweckten Geistes, vielleicht auch darum schon halbwegs auf der andern Seite. Ueber Wallfahrten, Gnadenbilder, Wunderkraft zweifelhafter Gebeine dachte man damals schon verständiger als jetzt. Namentlich aber empörte die Laien das lasterhafte Leben der Priesterschaft. Es sei besser, sagt ein Zeitgenosse, die Tochter in ein Frauenhaus als unter die Nonnen zu stecken; dort sei, wenn die Reue komme, doch ein Entrinnen möglich, aber niemals aus dem Sündenpfuhl der Klöster, in welchen das Gelübde banne. In manchen Abteien lebten die Prälaten öffentlich mit einer schönen Freundin. Sie ließen sie hinter sich auf dem Zelter sitzen, zeigten sich im Schlitten, im Bad, im Wirthshaus mit ihr und verlangten, daß jedermann sie als Frau Prälatin anspreche. Es galt ihnen als Vaterpflicht, ihre Bastarde aus dem Ertrage der Kirchengüter reichlichst auszustatten und ihnen glänzende Hochzeiten zu halten. Die Unwissenheit der Priester war so hoch gestiegen, daß mancher Pfarrer nicht lesen, vielweniger das

Brevier verstehen konnte. Von ihrer Rohheit, ihrer Völlerei, ihrer Rauflust sind uns unglaubliche Berichte erhalten. Die Bischöfe lächelten zu diesen Dingen, da sie gegen ihre Untergebenen nicht strenger sein wollten, als gegen sich selbst. Auch den nähern Umgang mit dem andern Geschlechte erlaubten sie nicht ungern gegen den herkömmlichen Zins an die bischöfliche Kammer. Die Herzoge ersuchten die Kirchenhäupter zu öfteren Malen dringendst, sie möchten doch ein Einsehen nehmen, die Missethäter strafen, die wüstesten Gräuel abstellen — aber die Bischöfe wichen immer aus, behauptend, es ließe sich nicht viel thun, zumal wenn sich die weltliche Hand einmische, und es sei am Ende besser, die Sache beim Alten zu lassen, als unerprobte Neuerungen zu versuchen.

So war es damals mit der Kirchenzucht bestellt im Lande Bayern und nicht anders in der ganzen katholischen Christenheit. Es ist daher wundersam, wenn von einem Stuhle, der sich gern für unfehlbar hält, jetzt, da der große Haufe jene Zeiten vergessen hat, mitunter Stimmen ausgehen, als hätten die Philosophen, die Zweifler, die Freimaurer die bösen Sitten in die Welt gebracht, da doch im Gegentheil der Clerus am längsten und liebsten, am eifrigsten und hartnäckigsten in allen irdischen Lüsten geschwelgt und erst unter Nöthigung und Aufsicht der Laien, der Philosophen, der Zweifler, der Freimaurer, seine größten Laster abgelegt hat. —

In jenen Tagen also erhob sich in Bayern ein allgemeiner Ruf nach Kirchenverbesserung. Er wollte nicht verstummen, selbst als allenthalben die Scheiterhaufen loderten. Noch in der Mitte des sechzehnten Jahrhunderts drangen auf den Landtagen Adel und Bürgerschaft mit Macht auf Freiheit des Bekenntnisses, Gestattung der Priesterehe und des Abendmahls unter beiderlei Gestalten. Die beiden letzten Hauptstücke verlangte Herzog Albert V. noch durch seinen Gesandten auf dem Concil zu Trient. Doch wurde er bald andern Sinnes; zur rechten Zeit kamen auch noch die wälschen Jesuiten herbei, legten das Volk zurecht und gaben ihm einen Schlaftrunk ein, der zweihundert Jahre lang nachhielt. Die geistige Thätigkeit ging von da an fast spurlos verloren. Heinrich Zschokke, für seine Zeit ein trefflicher Autor, welcher noch in der unsrigen sehr oft benützt, aber selten citirt wird, er sagt darüber mit wahren Worten:

„Bayern besaß allerdings gebildete Männer, sowohl fremde, welche in den Dienst des freigebigen Herzogs traten, als einheimische. Allein die vortrefflichsten derselben flohen vor der Unduldsamkeit der Geistlichkeit, oder welche blieben, verloren zur Fülle ihrer Kraft den Muth, dieselbe geltend zu machen. Franken und Schwaben, Brandenburg, der Rheinstrom, Sachsen, Helvetien, alle brachten sie, nach Wiederherstellung der Wissenschaften, unsterbliche Weltweise, Dichter, Forscher und Eroberer in jedem Ge-

biete menschlicher Erkenntniß hervor; nur Bayern blieb
Jahrhunderte lang an großen Namen verwaiset und gab
der Welt nicht einen, welcher aller Deutschen Stolz oder
der Menschheit ewige Zierde geblieben."

Der Jesuiten Macht und Herrschaft sollte bald hoch
aufsteigen im Bayerlande. Wilhelm V. (1579 — 1598),
ihr frommer Schüler, übte mit ihnen wieder manches lang
vergessene Gnadenmittel ein. An ihrer Hand ging er als
Pilger in härenem Gewande gar oft nach Duntenhausen,
Altenötting und dem heiligen Berg zu Andechs. Auch bei den
Unterthanen wurden die neuen Väter durch ihre erbaulichen
Erfindungen täglich beliebter. Keine Andacht, kein Kirchen=
festlein war so kümmerlich und klein, daß sie nicht etwas
Großes und Bedeutendes daraus zu machen wußten. In
ihrem Heiligthum zu St. Michael, welches ihnen der
Herzog mit maßlosem Aufwand in seiner Residenzstadt
erbaut, sammelten sie bald eine Fülle unschätzbarer Reli=
quien. Sie rühmten sich fast von allen elftausend Jung=
frauen der heiligen Ursula wenigstens ein Bein zu besitzen,
nicht minder von den heiligen drei Königen, ein Händlein
von den unschuldigen Kindlein, allerlei Knochen der Apo=
stel, auch St. Christophs, des fabelhaften Fergen, der
Jesum über den Bach getragen, den Blutschweiß, den der
Heiland am Oelberg geschwitzt, insonderheit aber die
Haare der allerheiligsten Jungfrau. Zu diesen wurden
eigene Andachten eingerichtet und ihre Dichter besangen

sie in wohlgereimten Verslein, die allerdings nicht geistreich genug waren, um den Glauben an Inspiration erwecken zu können*).

Die Pracht ihres Kirchendienstes, den eine lustige Musik aus Wälschland erheiterte, die herrlichen Processionen mit maskirten Geißlern, die sich öffentlich den nackten Rücken zerhieben, rüstigen Sündern, welche große hölzerne Kreuze schleppten, und anderer Mummenschanz, die öffentlichen Schauspiele, verschwenderisch ausgestattet, die sie durch ihre Schüler aufführen ließen**), — alles zog ihnen die gläubigen Herzen zu. Im langweiligen Geisteswinter damaliger Zeit, den sie freilich selbst herbeigeführt, erschienen sie wie eine Truppe heiliger Gaukler, deren kurzweilige Späße nicht leicht mehr einer missen wollte. Außer-

---

*) Zu lesen bei Bucher I. 87.
**) Im Jahre 1574 gaben sie zu München ein Schauspiel, Constantin betitelt, welches zwei Tage lang dauerte: „Es traten dabei, sagt die Beschreibung, mehr als tausend Personen auf, alle glänzend durch die Pracht der Gewänder, darunter vierhundert Ritter in alter römischer Kriegstracht. Constantin zog mit dem überwundenen Maxentius auf der Quadriga durch einen Triumphbogen herein, umgeben von einem Gefolge, wie es einst die Weltbesieger von Rom umgab. Das Volk staunte erstlich sprachlos und fing dann in heiliger Freude zu weinen an, zumal als sich darstellte, wie die heilige Helena das neuerfundene Kreutz nach München, als in ein zweites Jerusalem, hereintrug. So viel Aufwand für religiöse Spiele hatten die Münchner noch nie gesehen."

dem trieben sie Teufel aus, verjagten Gespenster, schrieben possenhafte Andachtsbücher und wirkten unzählige Wunder.

Triefend von Aberglauben erzogen sie auch ihre Schüler, die sie bis zum zwanzigsten Jahre mit Ruthen züchtigten, im Glauben an unglaubliche Heiligengeschichten und wahnwitzige Mirakel. Alles, was sie lehrten und mittheilten, war voll von jener weibischen Süßlichkeit, die jeden anwidert, der je bei den Alten in die Schule gegangen*). Von der Geschmacklosigkeit dieser Väter, von der albernen Gemeinheit ihrer frommen, meist lateinisch, aber auch

---

*) Pater Pemble aus der Gesellschaft Jesu, Präses der marianischen Congregation der Gelehrten zu München, gab 1764 eine Pietas quotidiana erga S. D. Matrem Mariam heraus, ein Quodlibet von schönen Verehrungen der heiligen Jungfrau, in welchem er 49 Arten sie zu feiern lehrt und empfiehlt; darunter auch folgende: Eine Gemüthswallfahrt anstellen und die meisten Wunderbilder Mariä die ganze Welt durch im Geiste heimsuchen — sich geißeln oder Chrseigen geben und die Schläge durch die Hände Mariä Gott opfern lassen — die Augen an ein schönes Marienbild heften, das Ansehen und Wohlgefallen irdischer Frauenzimmer zu hemmen — mit dem Finger, wo nicht mit einem Messer, den heiligen Namen Mariä auf die Brust schreiben oder ätzen — so viel Mal den Boden küssen, als man Lebensjahre zählet — sich zwischen die Wunden Christi und die Brüste Mariä legen, und so viel Gnade daraus saugen, als möglich ist — Zimmer- oder Kasseschlüssel einem Marienbilde anhängen, ihr zu beweisen, daß ihr alles offen stehe — einen Strick an den Hals hängen und sich zur Leibeigenschaft der heiligen Mariä bekennen — keinen Apfel essen, weil Maria von der Schuld des Apfelessens frei geblieben u. s. w.

französisch und altbayerisch verfaßten Comödien, in welchen Dr. Martin Luther oft als Hanswurst, Bock oder sonst wie dem öffentlichen Gelächter preisgegeben oder Gellert zu Asche verbrannt und die neueren Bestrebungen für deutsche Sprache und Literatur verhöhnt wurden, davon wäre unserer Zeit kaum mehr eine Ahnung beizubringen. Die besten Stunden des Tages wurden auf Rosenkranz=beten, Psalmensingen, Vesperleiern und andere einschlä=fernde Andachtsübungen verwendet, der Jugend kein erhaberneres Ziel gezeigt als Bereicherung und Erhöhung der Gesellschaft Jesu. Gehorsam gegen die geistlichen Lenker sei höchste Tugend und demüthige Einfalt mehr werth, als die freche, arglistige Wissenschaft. Die tiefen Ge=brechen ihrer Erziehungskunst sind übrigens eben so bekannt, als die Verworfenheit ihrer Moral und die abscheulichen Laster, die in ihren heiligen Hallen getrieben wurden*).

---

*) Siehe: Reverendi in Christo Patris Jacobi Marelli S. J. Amores. E Scriniis Provinciae superioris Germaniae Monachii nuper apertis brevi libello expositi per Karolum Henricum de Lang. Monachii 1815. — Die Opfer waren mehrfach Jünglinge aus hochadeligen schwäbischen Geschlechtern. Diese Familien sam=meln jetzt glühende Kohlen auf die Häupter der wieder erstandenen Jesuiten, indem sie ihnen ihre Söhne abermals anvertrauen. Vgl. auch: Geschichte der Jesuiten in Bayern von K. H. Ritter v. Lang. S. 40. Dieser will sogar wissen, sie hätten 1713 zu Bamberg einen literarischen Gegner, welcher Schmähschriften gegen sie heraus=gegeben, lebendig verbrannt. S. 184.

Schwerverständlich ist es deßhalb auch den Weltkindern, wie die geistreichen Männer, die jetzt unser Land als Bußprediger auf= und abfahren, wenn sie andere geworden sind, noch den früheren Sündernamen führen mögen, oder warum, wenn sie nur das Alte treiben, der hochwürdige Bischof zu **, der doch an Tugenden so reich, ihnen mit so auffallender Liebe zugethan sein mag.

Die Väter Jesu pflegten übrigens schon damals auf dem flachen Land umherzuschweifen und dem rohen Volke Bußpredigten zu halten, mit vielem Zulauf und großem Gepränge. Namentlich die höllischen Feuerqualen wußten sie in sinnbethörender Schilderung fast greifbar darzustellen, doch damals wie jetzt ohne fühlbaren Nutzen. An Lieb' und Lust zu derlei geistlichem Zeitvertreib und heiligem Müßiggange hat es unsern Altbayern nie gefehlt, aber sie von innen heraus zu erziehen, haben die Väter Jesu so wenig verstanden als unsre andern geistlichen Pädagogen. (Im sinnigen Tirol, wo diese geistliche Gymnastik auch im Schwung ist, werden gewöhnlich einige Zuhörer närrisch; im realistischen Bayerlande, wo der Landmann mehr auf das Wirthshaus als auf die Bußpredigt speculirt, kommt er glücklicher Weise mit einem tüchtigen Katzenjammer davon.)

Und so bieten auch die Sitten der damaligen Zeit ein entsetzliches Bild. Die Trunksucht war unter Hoch und

Nieder, Pfaffen und Laien, Männern und Weibern dermaßen eingerissen und hatte das Volk so verwildert, daß Maximilian I. „mit Ausstellung an den Pranger, Abschneidung etlicher Glieder, Ausreißung oder Durchbrennung der Zungen oder anderer dergleichen Leib= und Schandstrafen." einschreiten zu müssen glaubte. Ebenso füllen die Geschichtsblätter jener Tage zahllose Klagen über „das hochsträflich Laster der Unzucht," über den schamlos getriebenen Ehebruch, über Diebstahl und Mord, welchen selbst die grausamsten Strafen nicht wehren konnten. Allenthalben wurden auch Hexen verbrannt, allein das angebliche Laster der Hexerei war durch alle Martern nicht aus dem Lande zu treiben. —

Es ist aber wirklich sonderbar, daß die Altbayern bis zur Zeit der Jesuiten Dichtung, Gesang und Baukunst trieben, wie andre gebildete Völker, ihre Geschichte schrieben, ihren Fürsten Arznei verordneten und selbst ihre Beichte hörten, und daß später alle Tauglichkeit hiefür im Lande erstorben schien. Die helleren Köpfe gingen, der Verfolgung auszuweichen, in die Fremde; die zu Hause blieben, verkümmerten unter dem Druck der über den Geistern lastete. Da dieser den geschmeidigen Wälschen weniger zusetzt als den Deutschen, so wurden sie berufen, um dem Bayerlande Muster, Vorbild, Ein und Alles zu werden. Von da an ging den Einheimischen auch der ritterliche Schliff verloren, den sie das Mittelalter hindurch

bewahrt haben mochten*). Es läßt sich nämlich nicht läug=
nen: obgleich die Altbayern sich selber für recht gemüth=

---

*) Dieser Satz wäre vielleicht anders zu fassen. Für beson=
ders geschliffen haben nämlich die Bayern nie gegolten, auch im
Mittelalter nicht. Es sind über sie allerhand Aussprüche vorhan=
den, aber wenig günstige. Die deutschen Stämme beliebten näm=
lich einander schon von Alters her mit sehr kritischen Augen zu be=
trachten und sich Spottnamen zu geben, wobei die guten Eigenschaf=
ten viel weniger in Anschlag kamen, als die schlimmen. Sehr
anziehend ist zu lesen, was Wilhelm Wackernagel in diesem Be=
treff gesammelt hat. (S. Die Spottnamen der Völker in Haupt's
Zeitschrift für deutsches Alterthum VI. S. 254.) Am besten kom=
men — im Mittelalter — die Schwaben weg, deren Milde, Weis=
heit, Zucht, Rede und Würdigkeit oft gepriesen wird. Bekanntlich
stand ihnen auch die Ehre zu, im Kriege dem Reiche vorzufechten.
Gleichwohl sagt ein Dichter, freilich ein wälscher, einmal: perfidior
Suevo judicer atque Geta und anderswo haben bei demselben die
Säue ihren Chorgesang von den Schwaben gelernt: hoc graduale
boni nos edocuere Suavi. Was die Bayern betrifft, so sagt eine alte
Casseler Glosse aus dem achten oder neunten Jahrhundert allerdings
rühmend: Stulti sunt Romani, sapientes sunt Paioari, aber man
weiß nicht recht, ob es ernstlich oder spaßhaft gemeint ist, denn spä=
ter heißt es öfter die „törschen" (thörichten) Bayern. Ein altes
Gedicht spricht auch von den fünf Eselsfüßen, „die die Bayern brach=
ten über Meer" — wahrscheinlich eine Anspielung auf ein uraltes
„Weilheimer Stückel", das aber längst verschollen ist. Sonst galten
sie für geizig, rauh in der Sprache (Bavarus loquens boat ut bos,
exaltans vocem crassam nimis atque ferocem), für trunksüchtig
und gefräßig. Die beiden letzten Eigenschaften sind, wenigstens
unter dem Landvolk, noch jetzt hie und da zu bemerken. Ein andrer
Ausspruch lautet: prodiga, lasciva Bavaria, laetaque, fallax,
nec est subtilis gens, constans ac socialis. Hier möchten
wir zuvörderst gegen das fallax protestiren — eine Beschuldi=
gung, die sonst nirgends mitunter läuft und die wir auch im Mit=

lich erachten, so erscheinen sie ihren Fürsten doch schon seit geraumer Zeit etwas langweilig und ungeschlacht. Es gab hierlands immerdar ganz rechtschaffene, in ihrem Fache tüchtige, aber sehr geschmacklose Männer, die der Rede nicht gewaltig, leicht zu überglänzen und wenig geschickt waren, der Potentaten Trübsinn durch heitere Witz-

---

telalter gewiß nicht verdient haben. Socialis scheint sich auf die Vorliebe für Frühschoppen und Abendtrunk im Wirthshaus zu beziehen. Nec subtilis bedarf wohl keiner Erklärung. Was man an den Bayern hauptsächlich lobte war ihr tapferer kriegerischer Sinn. Kühner Volk ist nie gewesen! ruft ein damaliger Dichter aus. Von den bayerischen Schwertern heißt es: sie wollen wissen, daß keine besser je gebissen. Im Gedicht von Biterolf (der Name hat sich zu München, aber in der abgeschmackten Schreibweise Pittrohf erhalten) und Dietleib findet sich der bekannte Vers: Von Streite redet da (in Bayern) mehr ein Knecht benn dreißig anderswo. An das nec subtilis anknüpfend, glauben wir, der fragliche Satz im Texte würde vielleicht besser dahin lauten, daß die Altbayern aus dem Mittelalter als ziemlich unfeine Leute in das Jahrhundert der Reformation herübertraten und daß sie trotz der besten Religion und der immer wieder empfohlenen Pädagogik der Jesuiten und andrer achtbarer Orden unmanierlich geblieben sind bis auf den heutigen Tag, während in Mitteldeutschland und am Rhein trotz der Mangelhaftigkeit des Glaubensbekenntnisses und des Abgangs aller Klöster sich viel mehr Bildung findet und gewisse Formen des gesitteten Umgangs bis in die untersten Schichten gedrungen sind, so daß dort ein Wegmacher oder Steinklopfer leicht höflicher ist, als bei uns ein Betriebsdirector. Uebrigens wollen wir keineswegs behaupten, daß die germanische Grobheit sich in der altbayerischen erschöpfe; denn die Oberfranken und namentlich die Bamberger leisten darin viel Größeres und auch die Donauschwaben und die Altwürttemberger gehören keineswegs zu den feinen. Von den deutschen Schweizern mag's besser sein ganz zu schweigen.

blitze zu verscheuchen oder für ihre Sinnlichkeit neue Wollüste zu erfinden. Diese Männer glätten sich schwer unter dem Hobel des Lebens. Unsere Gelehrten, unsere Genies werden selten parketfähig. Andreas Buchner, unser seliger Haushistoriker, hatte ebensoweit hin als unser großer Mechanicus **, dessen Anblick wir noch täglich genießen. Darum gefielen den Fürsten eher die Töchter des Landes — der derben Gediegenheit ihrer Väter und Brüder zogen sie fremde Anmuth jeweils vor.

Die schöne Adelheid von Savoyen, des milden Ferdinand Maria († 1679) lebensfrische Gemahlin, fand jene Stammeseigenthümlichkeiten so wenig einnehmend, daß sie ihren Eheherrn eines Tages dringend bat, die Bayern alle bis auf den letzten vom Hofe zu jagen, und nur Hesperiens elegante Jugend um den Thron zu stellen. Doch ließ der Landesvater, für seine eigene Stellung ängstlich, ihren Wunsch in solcher Tragweite ungewährt. Eher zeigte er Lust, den Bayern statt des heiligen Benno einen neuen italienischen Landespatron in der Person des heiligen Cajetan zu erwirken, weil diesen die neueingeführten Theatiner besonders verehrten. Uebrigens waren Dichtkunst, Musik, Architektur schon längst in wälschen Händen. Schon in Hans Sachsens Jahrhundert zeigten Simone Gatti und Massimo Trojano zu München ihre Kunst in weltlichen Liederspielen, zu welchen verschnittene Buben sangen. Während Adam Gumpolzheimer aus bayerisch

Trostberg seine wunderbaren Töne nur in der freien
Reichsstadt Augsburg setzen konnte, ward Orlando di
Lasso, der Orpheus seiner Zeit, aus Belgien berufen, um
durch seine Leier die bayerischen Tiger und Löwen zu be=
zähmen. Von da an wurden in München diese wälschen
Spiele, später die italienische Oper, mit unermeßlichem
Aufwand und unsäglicher Geschmacklosigkeit gepflegt und
betrieben. Sie scheinen aber nicht so versittlichend gewirkt
zu haben, wie es von der deutschen Musik allgemein erwar=
tet wird, denn Hof und Adel wurde, bis auf Max III.,
immer liederlicher und der zuschauende Pöbel nicht gebil=
deter oder feiner. In den höchsten Kreisen fehlten bald
jene mythologischen Badefeste nicht, an denen sich die Edel=
sten beiderlei Geschlechts betheiligten, und der Cultus der
paphischen Göttin wurde nur unterbrochen von der An=
betung der allerheiligsten Jungfrau. Das gastfreundliche
München war damals, wie auch später, das Eldorado
poetischer, musikalischer, alchemistischer Schwindler, welche
gerufen wurden oder selber gelaufen kamen. Einer der
Goldmacher, Marco Mamugna, mußte, weil er nichts zu=
wege brachte, 1591 öffentlich sein Haupt verlieren.

St. Martin mit dem hohen Thurme zu Landshut und
Unsrer lieben Frauen Kirche zu München wurden noch von
einheimischen Meistern ganz löblich erbaut. Die spätern
Lustschlösser um die Hauptstadt herum und die neuen Got=
teshäuser entstanden dagegen alle unter wälscher Leitung.

Mit dem Eindringen wälscher Architektur gerieth auch die einheimische Malerschule, die am Ende des Mittelalters so fröhlich blühte, in Verfall, und darum wurden Peter Candide und andere Ausländer berufen, um die bajuvarischen Wände zu bemalen. Fern über's Gebirge her kamen meist auch die kurfürstlichen Leibärzte, darunter der bekannte Simeoni, Adelheidens Vertrauter, welchen einige Sagen dem Regentenhause näher rückten, als diesem lieb sein konnte. Selbst die Pflege der allerhöchsten Seelen war oftmals wälschen Gewissensräthen übertragen, deren einer, der lothringische Jesuit Verveaux, das officielle Handbuch bayerischer Geschichte schrieb, welches unter Ablzreiters, des Kanzlers, Namen an's Licht trat.

Jene wälschen, zu ihrer Zeit vergötterten „Meister" und das viele unsaubere Gesindel, das ihnen nachzog, sie scheinen damals in dem andächtigen München ein recht lustiges Leben geführt zu haben. Serenissimus setzte seinen Lieblingen glänzende Gehalte aus, spendirte für Sänger, Tänzerinnen und Castraten noch gern besondere Verehrungen und zahlte liebreich ihre zufälligen Schulden. Der gutmüthige Münchner scheint die Einlagerung dieser Halbgötter ganz leidlich ertragen zu haben. Wenn sie auch gern in die Schüssel spuckten aus der sie aßen, so hatten sie wenigstens den rechten Glauben! Anders mochte sich vielleicht der Bauer die Sache construiren, denn an ihm, der so wenig davon hatte, gingen eigentlich alle diese Lust=

barkeiten aus. Die Steuern schwollen von Jahr zu Jahr und wurden immer unerträglicher, die Verwaltung immer drückender und roher.

Das Loos der ländlichen Bevölkerung in dieser guten alten Zeit war über die Maßen erbärmlich. Großentheils leibeigen, mit schweren Frohndiensten, mit unerschwinglichen Abgaben belegt, wurde sie von den Guts- und Gerichtsherrn, von Richtern und Schergen unmenschlich gehudelt und fand nirgends einen Helfer in der Noth. Doch mag zu Gunsten des Adels bemerkt werden, daß die Abteien und Stifter sich eben so habsüchtig und nicht weniger unmenschlich erwiesen. Dazu kommt, daß in jenen Zeiten außer „sammelnden" Mönchen, fahrenden Schülern, verarmten Laien, die „im Geist und in der Wahrheit" bettelten, noch eine Unzahl gefährlicher Strolche aus aller Herrn Ländern, Kriegsknechte, Zigeuner, Sondersiechen, Pilger, Kesselflicker, Spielleute und Gauner jeder Art nicht einzeln, sondern Hordenweise durch Dorf und Feld zogen und sich mit allem Nachdruck auf Unzucht, Brandstiftung, Raub und Mord verlegten. Der Bauer war ihnen gegenüber eigentlich vogelfrei, da er keine Waffen tragen durfte, damit er nicht dem hochadeligen Jagdvergnügen gefährlich werde*). So mußte er auch ruhig zu-

---

*) Jagdlust war damals stehende Leidenschaft aller kleinen und großen Herren. Erzbischof Michael von Salzburg († 1560) habe, so

sehen, wie das Wild seine Saaten abfraß und wurde grausam gestraft, wenn er ihm nachstellte. Mitunter standen die Bauern, vom Elend getrieben, auch gegen ihre Dränger auf, wurden aber immer blutig niedergeschlagen. Es ist nicht zu verwundern, daß der Landmann, wenn ihm je ein Pfennig übrig blieb, diesen lieber mit Weib und Kindern vertrinken, als für seine Peiniger aufsparen mochte. Seine Sitten waren überhaupt nicht lobenswerther als die der andern Stände, die er sich zum Beispiel nehmen konnte. In tiefster Unwissenheit, blödestem Aberglauben, thierischer Rohheit wurde er erzogen. Für Geßnersche Idyllen bietet jene Zeit noch weniger Anhaltspunkte als jede andere.

Aber die Stände — die oft verbrieften Landesfreiheiten? möchte vielleicht ein Unberufener fragen. Seit Döllinger's Schrift über Kirche und Kirchen ist man anzunehmen gewohnt, daß jene nur in den protestantischen Ländern erdrückt und dem landesherrlichen Despotismus geopfert worden seien — wer aber von den bayerischen Zuständen ausginge, der könnte nachträglich leicht bestätigen, daß es

---

wird erzählt, einen armen Landmann, der mit einem auf seinem Felde verendeten Hirsche sein Hauswesen gespeist, in die Haut dieses Thieres einnähen und ihn von seinen Hunden, die er auf ihn jagte, zerbeißen lassen. Aus göttlichem Verhängniß sei aber der Kirchenfürst andern Tages selber todt vom Pferde gefallen. Sugenheim I. 465.

in den katholischen Staaten vielleicht noch schlechter gewesen, als bei den Ketzern.

Die bayerische „Landschaft", wie sie sich nannte, d. h. die bayerischen Stände, Geistlichkeit, Adel und Städte, hatten im Laufe der Zeit eine große Macht und herrliche Freiheiten errungen. In eifersüchtiger Wahrung ihrer Privilegien und unaufhörlichem Trachten nach neuen trugen sie für des Landes gemeine Wohlfahrt allerdings oft nur schlechte Sorge. Prälaten und Ritter z. B. zahlten in gewöhnlichen Zeiten nichts, die Städte wenig, der Bauer fast Alles. Die hohe und edle Aufgabe, für das Vaterland finanziell zu verbluten, suchten die privilegirten Stände, hier wie anderswo, immer dem biedern Landmann zuzuweisen. Doch war die bayerische Landschaft oft eine achtbare Wehr gegen die Willkühr der Fürsten. Nur wenige Rechte waren diesen am Anfang des sechzehnten Jahrhunderts übrig geblieben, die sie ohne Erlaubniß der Stände ausüben durften. Die Landschaft geizte auch nicht mit ihren Wahrheiten, wenn sie den Herrn solche sagen zu müssen glaubte. Noch im Jahre 1514 hielt sie dem jungen Herzog Wilhelm IV. eine Strafpredigt, wie nur erzürnte Väter zu entarteten Söhnen sprechen. Des weisen Vaters weise Räthe habe er von sich gestoßen und sich liederlichen Gesellen zugewendet, die sonst kein Edelmann seines Umgangs würdig finde. Mit ihnen schlemme und saufe er vom frühen Morgen bis in die späte Nacht hinein. So nur seinen bösen Lüsten nachgehend, versäume er seines armen Landes Verwaltung, häufe Schulden auf Schulden und erinnere sich erst an seine getreue Landschaft, wenn es ihm am täglichen Brod zu mangeln beginne. Im Streite zwischen Herzog Wilhelm und seinem Bruder Ludwig, der das Recht der Erstgeburt nicht anerkennen wollte, zwang die Landschaft beide sich ihrer Entscheidung zu unterwerfen, richtete eine neue Regierung ein, verjagte die schlechten Räthe, die prassenden Günstlinge, ordnete die Hofhaltung streng und einfach nach ihrem Ermessen und ernannte einen Ausschuß von vierund zwanzig Männern, der über des Landes Wohlfahrt ernsthaft wachen sollte. Damit aber auch die tiefverschuldeten Herzoge einen guten Tag haben möchten, gewährte sie ihnen nebenbei eine Geldhilfe von Einhundertfünfzigtausend Gulden.

Allein mit der religiösen Freiheit ging auch die politische verloren. Schon in der zweiten Hälfte des sechzehnten Jahrhunderts wurden die getreuen Stände nur mehr berufen, um den unaufhörlichen Geldnöthen der üppigen Fürsten abzuhelfen; sie bewilligten eingeschüchtert und zaghaft die immer wachsenden Steuern. Den letzten offenen Landtag berief Ferdinand Maria 1669. Er hatte auch damals nichts anderes zu thun, als einen guten Theil der landesfürstlichen Schulden zu übernehmen. Seit jenem Jahre blieb aber nur noch ein ständischer Ausschuß in der

Hauptstadt, ein milder harmloser Ausschuß, der seine hoch=
bezahlten Stühle am liebsten mit seinen eigenen Erben
besetzte. Gegen Ordensbänder und Kammerherrnschlüssel
dem Fürsten in Allem gefällig, war er ihm nur durch den
Eifer lästig, mit dem er auch seine ganze Vetterschaft in
Würden und Aemtern zu versorgen trachtete. Dieses
Würmlein wagte sich kaum zu krümmen, als es 1808 ohne
Sang und Klang zertreten wurde.

Nach allen diesen Erinnerungen aus der guten alten
Zeit wollen wir aber auch nicht verschweigen, daß der Zu=
stand der meisten andern deutschen Länder, wo möglich,
noch trauriger war, als der des bayerischen Volks. Ja
selbst die Ueppigkeiten Max Emanuels und Karls VII.
erscheinen wirklich ganz unschuldig gegen die Orgien,
welche damals am sächsischen, am württembergischen und
andern kleinen deutschen Höfen Tag für Tag gefeiert
wurden.

Nach langen Zeiten voll unglücklicher Unternehmun=
gen, voll Pracht des Hofs und voll Elend des Landes,
ging endlich auch über Bayern eine schönere Sonne auf.

In Kurfürst Max III. (1745—1777) erstand ein
neuer Titus, welchem das grausame Strafrecht, das Herr
von Kreitmayer zu seiner Zeit geschrieben, wahrhaftig
nicht zur Last gelegt werden darf*). Als ihm, dem acht=

---

*) Es ist seltsam, daß in dem denkmalsüchtigen München dieser zehnjährigen Jüngling, der eben seinen Kurhut aufgesetzt, die Schatzmeister vorrechneten, zu welch' schwindelnder Höhe die Schuldenlast emporgestiegen, sprach er wehmüthig: "Ach laßt mich nach Spanien ziehen und dem dortigen König dienen um seinen Sold, auf daß ich dem armen Lande nicht beschwerlich falle." Mit Mühe hielt man ihn zurück und so regierte er voll guter Absichten im Bayerlande, als ein wohlwollender und gebildeter Herr, der selbst an Minna von Barnhelm ein ungemeines Gefallen fand. Der muntere Lessing'sche Luftzug, der damals durch das protestantische Deutschland ging, erfrischte auch die bajuvarischen Stirnen. Sie wollten wetteifern mit den andern. Begeisterte Männer, die sich der Versunkenheit ihrer Landsleute schämten, sammelten sich. Sie riefen nach Erziehung des Volks, Aufklärung, Freiheit der Forschung. Sie traten vor den Landesvater, und baten ihn, ihren Verein, den sie Akademie der Wissenschaft nannten, huldvoll zu bestätigen (1759). Der Kurfürst war voll Freude, so viele tüchtige Männer zu so edlem Ziel vereinigt zu sehen, genehmigte die Gesellschaft, gab ihr Mittel und Freiheiten,

---

edle Fürst noch kein Monument erhalten, während doch selbst jener Max Emanuel, der über Bayern nur Unglück und Noth gebracht, bereits öffentlich ausgestellt ist. Unsere meisten Denkmäler stammen allerdings aus einer Zeit, wo die Stiftung eines Capucinerklosters für preiswürdiger galt, als die Errichtung einer Akademie der Wissenschaften.

namentlich Freiheit von der geistlichen Censur*). Unter den Mitgliedern waren auch manche Priester von Einsicht und hellen Gedanken. Einer derselben, Ferdinand Sterzinger, in Tirol geboren, erkühnte sich sogar am Namenstage des Kurfürsten „über das gemeine Vorurtheil der Hexerei" zu predigen**). Da erhob sich aber aus den Boudoirs heraus und bis zum Kräutermarkt hinunter ein lästerliches Geschrei. Ruchlos schien es diesen „tausendjährigen ehrwürdigen Glauben" anzugreifen. Aus der heiligen Schrift und den Kirchenvätern wurde bewiesen, daß ohne Hexen kein Christenthum, von hundert Kanzeln gepredigt, daß der aufgeklärte Theatiner Thron und Altar in Frage gestellt! Der Hochschule zu München war es beschieden, daß einer ihrer Lehrer, Joseph Görres, fast hundert Jahre später sich wissenschaftlich um die Hexen annahm, und ihre Existenz, die Ferdinand Sterzinger als Dilettant bestritten, wieder mit deutscher Gründlichkeit zu Ehren brachte.

---

*) Bald darauf gründete sich auch eine Gesellschaft für schöne Wissenschaften zu — Altenötting am Inn.

**) Schon mehr als hundert Jahre vorher hatte Friedrich von Spee, der liebenswürdige Jesuit und Dichter, am Rheine unten gegen die Hexenprocesse geschrieben, aber in Bayern scheint zu Sterzinger's Zeiten das Vorurtheil noch wenig erschüttert gewesen zu sein. So langsam ist der geistige Fortschritt der Menschen! — Doch darf man nie verzweifeln.

Der gemeine landläufige Bettelmönch, Kanzelredner und Beichtvater damaliger Zeit war übrigens so beschaffen, daß ihm keine irdische Wollust zuwider war, wenn er nur selbst mitthun durfte. Sofern sie ihn auch an ihrem Freudenbecher nippen ließen, lächelte er milde zu der Fürsten Ueppigkeit. Bei ihren Courtisanen war er ständiger Hausfreund; er wirkte auch dort „zur größern Ehre Gottes". Die Rohheit des Volks war ihm nicht lästig, da er selbst auf gleicher Stufe stand; der Aberglaube unentbehrlich, weil er seine Einkünfte mehrte. Vor der Wissenschaft und ihren Zweifeln schützte ihn seine Trägheit; des Landes Noth und Elend dünkte ihm gleichgültig, da sich seine Truhen immer füllten, und der faule Bettler, den er mit seinen Brosamen fütterte, ungefährlicher schien, als der unabhängige Bürger, der dem Gängelbande zu entwachsen drohte. Freigebig war er insbesondere mit seinen geistlichen Hausmitteln, die er dem Volk in Fülle bot, als Quirinus- und Walburgis-Oel, Ignaziwasser, Tolentinerbrod, Scapuliere, Amulete, Hexenpantöffelchen, Teufelsgeißeln, Monicagürtel, Lukaszettel, Rosenkränze, Scheiterkreuzlein, geweihte Lotteriezetteln und anderes mehr. War deren Preis auch mäßig, so mußte es die Menge thun. Nehmt, nehmt, rief er, fort mit Schaden! greift rüstig herein in unsern Schatz und sichert euch das Himmelreich! Uns laßt die schnöde Erde und ihr Regiment, die Erbschaften, das Geld und den Genuß! — Im übrigen war er gemüthlich*) und der Laien leichte Sitten rügte er mit Glimpf, damit diese nicht auf die seinigen merkten. Heimtückisch wurde er nur, wenn aus dem blöden Volk ein unvorsichtiger Freigeist auftauchte, der die Lukaszettel oder die Teufelsgeißeln einiges Spottes würdig fand, oder gar den Nutzen seiner Existenz bezweifelte.

---

*) Doch fehlte es ihm auch nicht an Grausamkeit, wenn er sie ungestraft üben zu können glaubte. Hier zwei Geschichten nach Zschokke, die in jener Zeit spielen: Die Franziskaner zu München als Beichtväter der Nonnen am Anger hatten über das Kloster derselben den Blutbann. Eines Tages vernahm der Kaminfeger dort klägliches Gewinsel einer weiblichen Stimme aus unterirdischen Tiefen. Von seinen Anzeigen hörte der Kurfürst. Dieser sandte Bevollmächtigte. Die erschrockenen Nonnen läugneten vergebens. Das Kloster ward durchsucht. Dumpfes Wimmern wie aus Grüften leitete abwärts zu einem verrammelten Kerker. Man sprengte die Pforte desselben. Es erschien ein ekelhaftes Gespenst in Menschengestalt, gekrümmt und seufzend unter der Bürde schwerer Ketten, vom Unflath verzehrt, am Fleische entsetzlich modernd. Es war eine junge Nonne. Sie hatte schon seit sechs Jahren im feuchten, lichtlosen Behältniß geschmachtet. Ihr Verbrechen war allzugroße Freigebigkeit gegen die Armen zum Nachtheil des Klosters gewesen. — — Nonnosus Gschall, ein Mönch zu Oberaltaich, war reizbaren Gemüthes, Feind der Heuchelei, aber fromm und liebenswürdig im Wandel. Er schalt nicht selten mit unvorsichtiger Heftigkeit die zügellosen Sitten seiner Mitbrüder; oder geißelte mit Spott den Stolz ihrer Unwissenheit. Darum ward er von ihnen gehaßt. Sie lauerten auf einen Vorwand ihrer Rache und fanden denselben in seinen freien Aeußerungen über Kirchenlehren. Als Glaubensverderber nun verurtheilt und verhaftet, sah er sich ihrer Wuth zur Beute gegeben. Sie durchwühlten seine Schriften und suchten vergebens einen Grund zur härtesten Strenge. — Dennoch verdammten sie ihn zum scheußlichsten ihrer Kerker. Als er sich in denselben zu

Begreiflich, daß diese frommen Schwärmer keine Freude an dem neuen Fortschritt hatten. Von den Kanzeln donnerte der Bettelmönche feuriges Geschlecht gegen die „Freigeister" und ermunterte die Gläubigen, sie selbst mit dem Schwerte auszurotten. Zur weiteren Aneiferung

---

geben weigerte, hetzten die frommen Väter, seine Leibesstärke fürchtend, ihren großen Kettenhund. Dann, da er blutend zu Boden gerissen lag, banden sie ihn und schleppten ihn bei den Füßen über die Treppen hinunter in's tiefe Verließ. Von dieser Grausamkeit überwältigt, wurde Nonnosus, nachdem er die Freiheit wieder empfangen, zwar behutsamer, aber seinen gefühllosen Klostergenossen nicht befreundeter. Er lebte in sich gekehrt, düster, unter den Mönchstücken ein freudenarmes Leben. Nur zuweilen klagte er in Briefen entfernten Freunden die Härte seines Schicksals und das ruchlose Wesen im Innern der Abtei. Ihm zum Unglück ward durch die lauersamen Mönche einer der Briefe aufgefangen; dann neuer Verhaft gegen ihn verhängt und mit Unmenschlichkeit vollzogen. In schweren Verhören geängstigt, mit allen Schrecknissen des Glaubensgerichtes bedrängt, ohne Aussicht seiner Rettung, ward sein Herz der Verzweiflung zum Raube. Er entleibte sich selbst, um der Qual langsamen Kerkertodes zu entrinnen. Die Mönche fanden ihn im Blute schwimmend noch lebendig. Nun erschrak der Abt des Klosters, denn das Geschehene war nicht zu verheimlichen. Er ließ, um von dem Gotteshause bösen Verdacht abzuwälzen, im nahegelegenen Straubing ärztliche Hülfe rufen. Sie kam zu spät. Der Sterbende hatte kaum noch Kraft, den zugleich erschienenen Abgeordneten der Obrigkeit die Ursache seines freiwilligen Ganges aus dem Leben zu entdecken. — Gleiches kam auch anderwärts vor. Der bekannte Jg. Feßler, damals Kapuziner, fand 1782 in seinem Kloster zu Wien fünf lebendig begrabene Mönche. Wenn man neuerer Zeit in Bayern nichts Wichtigeres zu thun hatte, als die Klöster wieder herzustellen, so möchte man wirklich fragen: Wozu ist denn eigentlich die Geschichte?

verdrehte die Mutter Gottes im Herzogspital die Augen, weinte jene bei den Augustinern. Willig erhob sich das gemüthliche Volk und zerstörte die Druckerei der Akademie; ja, „der bornirte Magistrat" bat sogar um deren Aufhebung. Thomas Jost, aus dem Henkerorden der Dominicaner, empfahl jetzt dringender als je die Einführung der heiligen Inquisition als einzig rettende That. Auch die Jesuiten, „eifersüchtig für das Monopol ihrer Hausapotheke in Ingolstadt", zogen nunmehr in den heiligen Krieg.

Aber die Freigeister ließen sich nicht schrecken, gingen tapfer in den Kampf, deckten alle die zahllosen Schäden des Landes auf, und wirkten für den Fortschritt. Selbst der altbayerische Adel ließ damals merken, wie geistreich er werden könnte. Ein Graf von Haslang sprach schon 1772 für Freiheit der Gewerbe und des Handels, ein anderer gegen den Druck der Grundherren und der Beamten, andere arbeiteten für Aufhellung der vaterländischen Geschichte, für Ausbildung der Muttersprache, andere für Erforschung der Natur — in allen war ein löbliches, muthiges Streben. Es gab wieder bedeutende Männer, welche das Land mit Hochachtung betrachtete. Als einmal — wie eines der Bilder darstellt — die Finsterlinge dem Kurfürsten eine lange Liste der Freigeister überreichten, um vor ihren Anschlägen zu warnen, sagte er unwillig: „Das sind ja meine besten Leute; wen hat das Land,

wenn diese fehlen?" und warf das Papier in's Feuer.
Es gab schon Zeiten — und wir erinnern uns selbst noch
dran — wo man gegen solche Denunciationen erkenntlicher war. Der edle Fürst erlag am Ende des Jahres
1777 den Blattern. Sein Leibarzt, Dr. Sänftl, gab ihm
noch Johanniswein und ein geweihtes Marienbildchen zu
verschlucken — aber auch dieß konnte ihn nicht retten.

Auf den guten Max, den letzten der altbayerischen
Linie, folgte Karl Theodor von der Pfalz, anfangs auch
gut, wenigstens den Wissenschaften und Künsten zugeneigt,
später an der Hand seiner Günstlinge, des geistlichen
Raths Lippert, des sittenlosen Beichtvaters Pater Frank,
und seiner Concubinen ein elendes Regentenmuster. Die
Jesuitengüter, die nach der Aufhebung des Ordens den
Schulen zugewiesen worden, nahm er diesen, um für seine
Bastarde eine Maltheserzunge zu gründen. Die junge
Academie gerieth in Verfall. Die Finsterlinge kamen
wieder obenauf, die erleuchteten Patrioten wurden zurückgesetzt, verfolgt, vertrieben — es war wieder ein trostloses
Pfaffennest geworden, dieses München, voll Spione, voll
Denuncianten, voll heimlicher Scheußlichkeiten. Es war
keineswegs das Verdienst des verrufenen Landesvaters,
wenn die altbayerische Bildung nicht wieder in jene tiefe
Nacht zurücksank, aus welcher sie sein Vorfahrer mühsam
gezogen.

Auf den Kurfürsten Karl Theodor folgte Max IV., als

König Max I. genannt. Er suchte die Wege, die einst
Kurfürst Max III. gewandelt, wieder auf, begann Unterricht
und Aufklärung wieder zu heben, aber viel energischer und
gewaltthätiger als jener. Die Geister, die Max III. gerufen, waren in seines Nachfolgers Zwangsjacke erbittert
geworden und suchten sich jetzt in der neuen Freiheit aus-
zutoben. Unter dem Schilde der Aufklärung ging es mitunter sehr rüpelhaft zu. Man zerstörte vieles, was man
besser erhalten hätte. Es war die Fortsetzung des Van-
dalismus, den die Mönche etliche Menschenalter früher
selbst geübt, als sie die geheimnißvollen Münster zu Tegern-
see, zu Wessobrunn, zu Herrenchiemsee niederrissen, die ge-
malten Kirchenfenster zerschlugen und die Grabsteine der
Stifter zu Kalk verbrannten — um an der Stelle der alt-
ehrwürdigen Gotteshäuser, die ihnen zu trübselig geworden,
die geschmacklose Schönheit des Rococo erglänzen zu lassen.
Doch war es damals allem Anschein nach ein Hochgenuß,
ein Bayer zu sein, denn das ganze Volk freute sich mächtig
darüber; es war viel Selbstgefühl und Patriotismus im
Lande. Statt wie früher die Wälschen, fand aber Max für
gut, die Deutschen zu berufen, um seinem Reiche Glanz
und Ruhm zu schaffen. Es sammelten sich an der Isar
die leuchtendsten Namen aus Schwaben, den Rhein-
landen, Ober- und Niedersachsen. Aber in München, wo
man einst die wälschen Meister und ihren Demi-monde so
leicht ertragen, entzündete sich ein schmählicher Krieg gegen

diese deutschen Brüder. Dennoch wirkten sie sehr ersprießlich, und es wäre vielleicht gelungen, die berühmten Männer von da an aus eigenem Samen zu züchten, aber man fürchtete wohl, es möchten deren zu viele werden, und stampfte die Keime wieder ein.

Der kunstsinnige Monarch, der nunmehr auftrat, schwang nämlich zuerst das Scepter nicht minder rühmlich, als weiland der ebenso kunstsinnige Karl Theodor, Kurfürst von Pfalzbayern, wich aber auch gar bald vom guten Wege ab. Er trachtete die kranke Zeit mit Liederklang zu trösten und besang mit Vorliebe die „teutsche" Freiheit. Wie seine Praxis lehrte, verstand er darunter einen ächtfranzösischen Napoleonismus, den er nur durch einige teutonische Alterthümelei zu mildern suchte. Als die kranke Zeit etwas mehr verlangte, wurde er ärgerlich und rachsüchtig. Die Mahnungen an die großen Versprechungen der Freiheitskriege, die ihn einst begeistert, erschienen ihm bald ebenso widerwärtig, wie seiner gesammten vormärzlichen Gattung. Auch er verschob ihre Beachtung lieber bis Anno Achtundvierzig. Zuerst „der einzige Liberale" in seinem Reiche, fuhr er bald wie ein Stoßgeier auf alle jene herab, die den Idealen treu geblieben, welche er vergessen hatte. Er sah ruhig zu, wie sie den Bürgermeister Behr von Würzburg, seinen Jugendfreund, ohne recht zu wissen warum, vor seinem Bildnisse abbitten ließen, eine Ceremonie, die an die Zeiten der Neronen erinnerte. Um

solche Mahner aus dem Wege zu schaffen, wurde zu
Landshut ein eigener Blutsenat eingesetzt, dessen Sprüche
das Land mit Staunen und Furcht erfüllten. Einer der
Beisitzer, den seine Gewissensbisse erdrückten, stürzte sich
damals in die Isar; ein anderer, der zum Verderben des
Angeklagten einen falschen Vortrag ausgearbeitet, wurde
dafür mit Beförderung belohnt. Jeder Denunciant war
willkommen, jeder ehrliche Mann, der sich nach bessern
Zeiten sehnte, verdächtig.

Als die teutsche Freiheit, wie er sie gedacht, Niemand
genießbar finden wollte, stürzte sich der Monarch den
Finsterlingen in die Arme, die schon längst auf ihn ge=
wartet hatten. Gegen Förderung ihrer Umtriebe ver=
sprachen sie ihm Einschläferung des Volks und künftige
Heiligsprechung. Alsbald war ein Häuflein politischer
Heilkünstler — meist Ausländer — versammelt, die „das
Wiedererwachen des katholischen Bewußtseins" in Scene
setzen sollten. Rath Lippert und Pater Frank, einst die
Säulen der Religion, sie waren leider schon todt, aber es
fanden sich doch Biedermänner genug, die ungefähr in
dieselbe Farbe spielten. Die großen Zeiten der Kirche
sollten wiederkehren und ganz Deutschland abermals katho=
lisch werden. Um dies zu beschleunigen, gingen die Mini=
ster der Krone wieder mit den alten Weibern wallfahrten
und beteten in den Kirchen mit ausgespannten Armen um
Erleuchtung, die aber nie kommen wollte. Sonst wurde

unendlich viel vermißt, wie Preßfreiheit, Schwurgerichte, Reform des Unterrichts, Tüchtigkeit der Verwaltung, Unabhängigkeit der Rechtspflege u. s. w., aber Franziskaner, Capuziner, Liguorianer gab es in Fülle. Die Karl Theodorischen Gespenster liefen wieder am hellen Tage umher. Um das tägliche Brod zu verdienen, arbeitete mancher Schullehrer an jenem berühmten Canal, an dem theuren Windei, das der große Karl einst gelegt und bajuvarische Eitelkeit jetzt ausbrüten zu müssen glaubte. Manche befürchteten, die Hochschule werde ganz und gar in eine Anstalt für Astrologen, Zeichendeuter, Wunderdoctoren und Hexenmeister ausarten. Die Clerisei wurde bald so muthwillig und hochfahrend, daß sie sich selbst gegen ihren Gönner, Brodvater und Monarchen allerlei Ungebühr erlaubte. Eine tückische Censur gestattete den Blättern der Gerechten jede Provocation, jede Lüge, jede Verleumdung; den andern nur Berichte von Prinzenreisen, Ueberschwemmungen und Selbstmorden. Den auswärtigen wurde der Postverkehr im Lande ganz entzogen.

Wehe denen, die als Protestanten geboren waren und auf ihre verfassungsmäßigen Gerechtsame bauen wollten. Gegen sie schien jede Kränkung erlaubt. Ihre Beschwerden wurden bald mit Insolenz beantwortet, bald mit süßlichen Entschuldigungen, deren Hohn noch wegwerfender klang. Um sie zu züchtigen, suchte man sogar den Eisen-

bahnen confessionelle Richtungen zu geben. Durch die
Kniebeugung wurde den protestantischen Franken wieder
erinnerlich, daß sie keine Bayern seien. Es war der erste
Riß in den unbefangenen Patriotismus damaliger Zeit.
So wetzte sich das System viele Jahre lang an dem ge=
bildeten Theile des Volkes, ohne Sinn, ohne Verstand,
ohne Noth, ohne Segen, nur zu gegenseitiger Erbitterung.

Und als wenn diese das letzte Ziel aller Staatsweis=
heit, so wurden auch die Kämpfe mit dem Landtag, so
genügsam er war, auf die verletzendste Weise geführt.
Den Männern, denen das Volk vertraute, wurde der
Eintritt, wenn möglich, verweigert, auch hinterdrein so
mancher gemaßregelt und gehudelt. Es galt als Grund=
satz, jegliches zu thun, was die Vertreter der Nation ver=
drießen mochte. Eigentlich sei doch alles ständische Recht
nur widerruflicher Ausfluß der unergründlichen Gnade des
Souveräns, der nahezu alle Eigenschaften der Gottheit in
sich vereinige und daher weder Controlle, Rath, noch An=
eiferung bedürfe. Seine Allgüte, seine Allweisheit sei
nicht genug zu loben und zu preisen — seine Allmacht er=
schien nur in den Münchner Bierkrawallen etwas
mangelhaft und kam in den Märztagen gar nicht mehr
zum Vorschein.

Für Gesinnung und geistiges Streben war nur Eine
Bahn geöffnet, dieselbe, auf welcher die Clerisei trium=
phirend voran trabte. Sie sollte diesseits Versorgungen

und Ehren, jenseits die himmlische Seligkeit verschaffen. Diese Bahn behagte aber den wenigsten, denn die meisten gedachten noch des Elends, das die Pfaffen unter Karl Theodor über das Land gebracht — und so legte sich der Genius des Volkes wieder schlummern. Statt sich in ungleichen Kampf mit den Machthabern einzulassen, schien es den Gebildeten gerathener, auf Gesinnung und geistiges Streben ganz zu verzichten. Wer keinen Verdacht erregte, der hatte immerhin Aussicht, bei leidlicher Gesundheit in Stellen, Würden und Orden von selbst hineinzualtern. Inertia pro sapientia fuit, sagt Cornelius Tacitus von ähnlichen Zeiten.

Für damals ging das System an einem fahrenden Fräulein unbeweint zu Grunde. Seine Beharrlichkeit erlitt dabei dieselbe Prüfung, wie früher seine Gerechtigkeit bei den politischen Inquisitionen. Ein Jahr darauf legte der Dichterkönig selbst den Scepter nieder, uns allen den Wunsch einprägend, daß keiner mehr einen deutschen Thron besteige, der „die teutsche Freiheit" so verstünde, wie weiland „Bayerns Ludwig".

Für die Kunst ist in jenen Zeiten Großes unternommen und ausgeführt worden; auch haben dabei Einzelne ein namhaftes Gedeihen, viel Ehre und Ruhm, die Hauptstadt selbst viel Glanz und Pracht gewonnen. Allein das Volk, seit Jahrhunderten ohne Lehre, ohne geistiges Leben, blieb im Großen und Ganzen ohne Empfänglichkeit für diese Bestrebungen und wir sind daher ihrer bildenden Kraft noch immer gewärtig.

Jene ganze christkatholische Bewegung hat keine Frucht getragen, nicht Ein bedeutendes Buch, nicht Einen bedeutenden Mann zu Tage gefördert. Die Vorkämpfer von damals stehen jetzt im Winkel und schämen sich. Die talentvollen Jungen, die eine Zeit lang mitthun mußten, sind schon lange wieder abgefallen. Als Andenken an jene Tage ist uns nur eine räudige Presse geblieben. Der bayerische Landtag nannte jenes System ein fluchwürdiges, ein verruchtes!

Nichtsdestoweniger sind die Leutchen schon wiederum da. Es ist richtig, sagen sie, wir haben von Sicilien bis zum Böhmerwald, von den Säulen des Hercules bis in die litthauischen Moore für Volkserziehung so wenig geleistet wie im Rath der Herrscher. Im heiligen Rom, wo die Wunder unsrer Weisheit leuchten sollten, erleben wir das kläglichste Fiasco. Wir sind falsch, lügenhaft und verleumderisch unserer Natur nach. Wo wir hintreten wächst eigentlich kein Gras mehr. Aber das ist ja alles nur irdisch! Sichert euch das Himmelreich, wohin wir euch so gerne leiten, und laßt uns diesen lumpigen Planeten!

In Ländern, wo Wind und Wetter das geistige Wachsthum behindern, wird man allerdings die Celebritäten, wie Datteln und Cocosöl, aus milderem Klima beziehen müssen. Die Vernunft erfordert nur, daß auch die bescheidenen Verdienste der Einheimischen nicht übersehen werden. Ob man in diesem Puncte gerade immer die nöthige Beflissenheit entwickelt, bleibt dahingestellt. Unsere Gelehrten und Erfinder haben schon allerlei Erfahrungen gemacht. Daß Aventin z. B. sein Lebensglück fast verscherzte, weil er an einem Freitag Fleisch genossen, ist zwar längst vergessen, aber der mäßige Schmeller mußte sich noch am Abend seiner Tage ein liebes Krüglein Bier abgewöhnen, weil der Gehalt nicht reichte, und Gabelsberger — wer ihn nur einmal in seinem Leben hörte, der vernahm die Klage, daß man im Cabinet und Ministerium alles thue, um ihm seine Kunst zu verleiden*). Es ist ein schlechter Ersatz für ein bedrängtes Leben, wenn nach dem Tode des Geplagten eine Straße seinen Namen erhält. Ein guter Theil der Erfindungen, die jetzt die Welt bewundert, ist, wie man sagt, in Bayern erdacht worden, aber die Gemüthlichkeit war immer so groß,

---

*) Siehe auch die seitdem erschienene Festschrift seines Schülers, G. Gerber, „Gabelsbergers Leben und Streben". München 1868. Als er im Jahre 1834 sein Hauptwerk, das er „dem Vaterlande Bayern" gewidmet, dem Landtag übergab, erhielt er als eine Art Nationalbelohnung zweihundert Gulden rheinisch; für die Herstellung dieses seines Denkmals hatte der unbemittelte Mann über zweitausendzweihundert Gulden geopfert! — Das Exemplar, das er zu Füßen des Thrones niedergelegt, kam wieder als unannehmbar zurück. Gabelsberger hatte nämlich unter vielen andern auch folgenden Satz als Stenographirübung aufgenommen: „Eine Regie-

daß man die Erfinder eher verhöhnte als belobte. Man sah lächelnd zu, wenn sie ihre Ideen in der Fremde verwertheten, oder sich schweigend abhärmten, bis das Ausland auf dieselbe Fährte gekommen war.

Wie hat sich nun unter solchen Umständen das altbayerische Leben herausgebildet? Dasselbe könnte im allgemeinen für sehr angenehm gelten. Tarok, Billard und Kegelbahn verkürzen die langen Stunden. Jagd und Fischfang gewähren edeln Zeitvertreib. Sommerkeller und Waldausflüge, Wall- und Schlittenfahrten locken aus den hübschen Städtchen in die bajuvarischen Lüfte. Die Frau Posthalterin verschreibt bald einen Huchen aus der Donau, bald Schwarzwildpret aus dem Parke. Sie sorgt immerdar für „pfenningvergeltliches" Bier, für Bock und Salvator, überhaupt für würdige Schnabelweide. Aber — es kamen*) leichter hundert Huchen und zweihundert

---

rung, welche dem Despotismus huldigt, kann sich in Europa, wo die Civilisation ihren Sitz aufgeschlagen, nicht mehr halten". Dieser Satz sprach den „constitutionellen" Landesvater oder seinen Cabinetsrath so widerlich an, daß sie den bescheidenen Gabelsberger, der voll schöner Hoffnungen genaht war, mit schnödem Hohne abtrumpften. Nichtsdestoweniger will man jetzt den Dichterkönig auch als Schutzpatron der Stenographie canonisiren. Quousque tandem? — In dem Schriftchen finden sich auch erhebliche Klagen über die Ränke und den Eigennutz der Münchner Buchhändler. An ihren Brüsten hat sich allerdings unsre Literatur nicht groß gesogen.

*) In der Annahme, daß sich seit zehn Jahren manches geändert, setzen wir das Präteritum.

Wildsäue in ein solches Städtchen, als ein neues Buch, ein neuer Gedanke, eine neue Anregung. Es gab deren von drei- bis viertausend Einwohnern, die nicht einmal ein Lesezimmer vermißten. Was Bildungsmittel betrifft, so wetteiferten überhaupt Edelmann und Bürger in trappistischer Enthaltsamkeit. Begnügten sich ja selbst in der Hauptstadt die reichsten Leute mit den stinkenden Exemplaren der Leihbibliothek, statt alle Jahre nach englischem Vorbild ein paar Louisd'or auf den deutschen Parnaß zu tragen. Von der Literatur der Zeit und des Landes war überhaupt kaum die Frage. Darum erging sogar das Gerücht: die Altbayern achteten ihre Dichter nicht! — Die Bekanntschaft mit Schiller und Goethe vermittelten nur dürftig die Liedertafeln. Leichter fand man auch ein Dutzend Honoratioren um halb ein Uhr Morgens noch beim Glase, als einen Sonderling um sieben Uhr Abends noch über den Classikern sitzen. Von öffentlichen Dingen war selten die Rede; in der Regel waren sie nicht darnach, daß man gern von ihnen sprechen mochte. Als in einem agricolen Lande, mit wenigen größeren Orten, lebte man ganz und gar in der Atmosphäre des Bauern. Während am Rhein unten der gemeine Mann — oft komisch genug — den feinen Ton der Herren nachahmt, so ahmten die Herren hier den Bauern nach. Man sprach bäurisch und legte sich auch bäurische Manieren bei. Diesem Zuge des Herzens entstammt wohl auch die allgemeine Beliebtheit der Joppe. Man fand allenthalben eine Menge gemüthlicher Leute, aber selten einen Gentleman, d. h. einen Menschen, der auch jenseits der Gränze als gebildeter Mann gelten mochte. Andrerseits konnte sich auch der Bauer nur schwer veredeln, da ihm alle „Beispiele des Guten" fehlten. Er blieb in seiner traditionellen Rohheit, die unter Max I. nur leise aufgeschärft worden war. Wer da beim Abendtrunke den Herrn Stadtpfarrer und seine Capläne, den Herrn Landrichter mit seinen Assessoren und Prakticanten, den Bürgermeister und seine Räthe nach ihren Gesprächen und Manieren betrachtete, und dabei bedachte, daß Bildung und Wissen Macht sei, der konnte leicht auf den Schluß verfallen, daß die Zeit für unsere Macht noch nicht gekommen. Allerdings fühlte man, daß man gar nichts mehr bedeute, nicht in Bayern — denn die Schwaben und Franken hatten weitaus das Uebergewicht — viel weniger in Deutschland. Und wenn ein fremder Gast beim Abendtrunk einen Tischgenossen ansprach und das gute Bier, das gediegene Essen und die schöne Gegend lobte, so konnte der andere leichtlich antworten: Es ist gleichwohl kein rechtes Leben; wir langweilen uns vielmehr entsetzlich und verbauern alle mit einander!

König Max II. hatte sich längst vorgenommen, dieses in sich selbst versunkene Volk aus seiner Träumerei zu erheben und ihm einen freiern Ausblick in die Welt zu schaffen. Aber auch er konnte sich nicht enthalten, der vormärzlichen Reactionstragödie das Pforbten-Reigersberg'sche Satyrspiel folgen zu lassen. Dieses verletzte die Gemüther, welche anderes von ihm erwartet hatten. Selbst seine Berufungen wurden von den Freisinnigen im Lande anders ausgelegt, als er sie wohl meinte. Man witterte die alte Lust das Ausland zu blenden, und die Verstimmung des Inlandes zu überhören. Die Berufenen aber, diese fremden Feigenblätter für die einheimischen Blößen, sie mochten vielleicht finden, daß sie fast zu früh gekommen. Die Gangsteige zur höhern Wissenschaft waren wieder in bedauerlichem Zustand — die Schulen und Gymnasien aus der Art geschlagen, die Universitätsprüfungen eine Fundgrube der pikantesten Lächerlichkeiten. Aber aus all dem Trachten des Königs sprach der edle Sinn sein Volk in die Höhe zu bringen. Wenn es nicht so, nicht so schnell gelang als er es wünschte, so lag die Schuld nicht an seinem guten Willen, sondern an seiner milden Scheu vor durchgreifenden Maßregeln.

Die letzten Jahre seines Regiments sind die schönsten, welche Bayern bis dahin erlebt hat.

In wehmüthigen Ahnungen faßte er wohl den Gedanken, sein schwer zu begeisterndes Volk zu bajuvarisch-wittelsbachischem Bewußtsein zu erheben. Zuversicht auf die eigene Kraft, Vertrauen zu seinen Lenkern waren diesem im ewigen Wechsel der Systeme ganz verloren gegangen.

Es ist die Frage, ob jener Gedanke noch zur rechten Zeit gekommen sei. Jetzt wird der Bavarismus von der pangermanischen Strömung ergriffen und manchem Weisen scheint es räthlicher die Gloriole der eigenen Ahnen beiseite zu stellen, um nicht als Particularist verdächtig zu werden.

Dem sei wie ihm wolle — arbeiten, hervorthun, auszeichnen kann sich der Bayer so wie so. Die Bilder die der König gestiftet, geben ihm dieselben Lehren, die er in den Büchern seiner Geschichte findet. Er kann leicht entnehmen, unter welchen Zeichen er sich gehoben fühlte, neue Hoffnungen schöpfte, von den Nachbarn mit Achtung begrüßt wurde — unter welcher Leitung er in Rohheit und Erniedrigung zurückfiel, an sich selbst verzweifelte und nur noch Gegenstand eines nachsichtigen Lächelns war. Auf jener Bahn nur ist Gedeihen, auf dieser nur Verfall!

# IV.

Epilog.

Durch unser Bayerland geht in diesen Tagen eine eigenthümliche Regung. Wir sind im großen Ringen der Völker zu leicht befunden worden und sehnen uns, etwas gewichtiger zu werden. Allenthalben ist daher von der Verbesserung der Volksschulen die Rede, aber während die Gebildeten darin den einzigen Weg sehen, der auch die Bayern zu den höchsten Ehren der Zukunft führen soll, meinen andere, es sei zu Stadt und Land der Aufklärung bereits genug und unter der Bildung, die man suche, könnte leicht der Glaube leiden.

Namentlich ist die Kirche ungehalten und liegt in großer Kümmerniß. Sie sei von jeher die Erzieherin und Bildnerin der Völker gewesen; sie habe von jeher das Maß bestimmt, welches der menschliche Geist einhalten müsse, um nicht in Irrthum und ewige Verdammniß zu verfallen. Das Mittelalter und die großen Zeiten der

Kirche seien ein Beispiel, wie viel der Clerus für Veredelung barbarischer Völker leisten könne. Damals habe die christliche Civilisation ein Ideal der Menschheit aufgestellt, das in alle Aeonen leuchten werde. Ach, kehrten doch jene Zeiten wieder, wo alles Volk fromm und gläubig im Schoße einer sittenreinen, hochgesinnten Priesterschaft lag — wie viel der Betrübniß unserer Tage wäre damit hinweggewischt!

Nehmen wir aber die Sache, wie sie eigentlich ist, so finden wir allerdings, daß die Christengemeinden, so lange sie noch das Blut der Märthrer zusammenkittete, einen reinen Wandel und große Menschenliebe pflogen; aber als die neue Lehre aus ihrer Niedrigkeit erhöht und die Religion der Mächtigen geworden, war ihr Sinn und Ziel gar bald vergessen. Die Christen setzten alle Laster fort, die das sinkende Heidenthum entehrt hatten, Habsucht, Völlerei, Treulosigkeit und Blutdurst; sie betrachteten mit der alten Lust die nackten Tänzerinnen auf dem Theater und die gefangenen Feinde, die zur öffentlichen Ergötzlichkeit von wilden Thieren zerrissen wurden. „Schlimmer als alle Barbarei der Heiden," sagt der Priester Salvianus von Marseille im fünften Jahrhundert, „ist die Verworfenheit der Christen. Wer nicht selbst ein Bösewicht, der kann nicht sicher unter ihnen leben!" — Die alte Welt war durch den neuen Glauben nicht besser geworden. Auch die Germanen widerstanden der christlichen Verderbniß nicht lange. Wenige Menschenalter, nachdem der letzte Märtyrer verblutet, lebte der Clerus unter den Merovingern schon im höchsten Ueberfluß und in tiefster Entartung. Die Geschichte nennt Bischöfe, die besoffen vom Mahle weggetragen wurden und kein Verbrechen scheuten, um sich fremden Gutes zu bemächtigen, Bischöfe, welche die Amtsbrüder, die ihnen im Wege standen, durch Gift beseitigten oder durch gedungene Mörderhand am Hochaltar erstechen ließen. Die neubekehrten Franken erscheinen bald so ausschweifend und so ruchlos, daß ein Zweifel erlaubt ist, ob es nicht eben so gut gewesen, wenn sie blinde Heiden geblieben wären und ihren Wodan und Donar nie mit St. Peter und Paul vertauscht hätten. Die Kirche, die Erzieherin und Bildnerin der Völker, hatte, wie es scheint, ihr Werk noch nicht begonnen.

Allmählich kamen „die großen Zeiten der Kirche" heran und das eigentliche Mittelalter in seiner farbenreichen Pracht. Darnach sehnt sich mancher Träumer, der's nicht kennt, zurück, wie nach einem verlornen Paradies. Auch gibt es bekanntlich eine eigene Gilde von Gelehrten, welche diese Jahrhunderte zu verklären und der Menschheit zu beweisen suchen, daß ihre schauerlichsten Zeiten gleichwohl ihre schönsten gewesen. Die Kirche hatte keine schlechten Tage in jenen Jahrhunderten. Es entstanden in Deutschland wie anderswo viele Bisthümer und Erzbisthümer, viele Abteien und Stifter, welche mit Land und Leuten

vollauf begabt wurden. So saßen sie bald in Macht und
Reichthum und hatten der Mittel genug, um das Herrlichste
zu wirken.

Aber statt sich seinen großen Aufgaben zu widmen,
dünkte es dem Clerus angenehmer, in allen irdischen Lüsten
zu schwelgen. Die Mönche und die Nonnen wußten so
wenig zu entsagen, als die Weltgeistlichen. Was die Freu=
den der Tafel und der Liebe betrifft, so wetteiferten die
Gesalbten des Herrn mit den begehrlichsten Laien. Der
Stuhl, auf dem der heilige Vater saß, war oft der laster=
hafteste unter dem Monde. Wie in den Häusern der
Priester die höchste Sittenlosigkeit herrschte, so blühte in
ihren Schulen die tiefste Unwissenheit. Allmählich ver=
lernten sie selbst Lesen und Schreiben. Mehrere Prälaten
jener Zeit sind nur dadurch unsterblich geworden, daß sie
das eine so wenig konnten als das andere.

In allen Ständen herrschte entsetzliche Rohheit — in
Stadt und Dorf beständiger Aufruhr — im eigenen Lande
blutige Kriege der Fürsten, Vater gegen Sohn, Bruder
gegen Bruder — Unsicherheit auf allen Wegen und Ste=
gen. Auf den Uebelthaten und Verbrechen der Menschen,
die der alte Germane noch mit unblutigem Wehrgeld ge=
sühnt, stand jetzt Rädern, Verbrennen, Sieden, Zer=
reißen mit glühenden Zangen, Lebendigbegraben und Vier=
theilen. Mildere Strafe war es, wenn die Hand abgehackt,
die Zunge ausgeschnitten, die Augen ausgestochen wurden.

Die Grausamkeit der canonischen Juristen führte auch die Qualen der Folter ein. Zu all den Scheußlichkeiten, welche die Laien erdacht, gewährte die Kirche aus ihrem Gnadenschatze die Ketzergerichte und die Hexenverbrennungen. Die Judenmorde kamen mit vereinten Kräften zu Stande.

Wie wohl alle diese Erziehungsmittel angeschlagen haben? Wir mögen ihren Erfolg z. B. an den Spaniern prüfen, den treuesten, gehorsamsten und gläubigsten Söhnen der Kirche, welche bei ihrem ersten Weltgange in dem neu entdeckten Amerika eine Bestialität zu Tage förderten, daß wir billig fragen dürfen: Und deßwegen Christen und am Kreuze erlöst? — Wurde es doch Karl V., dem Schirmherrn des wahren Glaubens, keineswegs verargt, daß er seine eigene Mutter, die ihm die Krone gerettet, funfzig Jahre eingekerkert hielt, bis sie in Noth und Wahnsinn unterging. — Auch in dieser Zeit können wir die Kirche nicht als Erzieherin und Bildnerin der Völker begrüßen.

Es ist sonderbar, daß der Glaube, der doch eine Gnade des guten Gottes sein will, immerdar im Blut zu waten liebte, während die Wissenschaft, die nach manchen Autoritäten vom Teufel ausgegangen (Genesis III. 5), nie einen Menschen umzubringen brauchte, um Anhänger zu finden. Wenn wir im gothischen Dome des Mittelalters umherwandeln, so weht es uns an, wie in einer Mördergrube. In den düstern Bogengängen geistern bei schwachem

Mondenlichte hier geschundene Albigenser, dort gespießte
Waldenser; allenthalben Ketzer, an tausendfachen Martern
verendet, weil sie an diese Religion nicht glauben konn=
ten; hier die verbrannten Hexen aufgeschichtet, dort die
Juden, die sich selbst erstochen. An jener Säule lehnt
Arnold von Brescia, an dieser Johannes Huß, Hieronymus
von Prag und Savonarola von Florenz. Alle Wände sind
mit Folterwerkzeug behängt; auf den Steinplatten stockt
geronnenes Blut; alles ist still und todt und schauerlich;
nur von der Kanzel predigt ein einsamer Dominicaner den
Gott der Liebe. Kein Wunder, daß sich die Menschheit
aus diesem modernden Schlachthaus hinaussehnte und
jetzt im Morgenlichte einer besseren Zeit den finstern
Bau lieber von außen und etwas mißtrauisch betrachtet.
Noch heutiges Tages sieht man aber in den gothischen
Fenstern allerlei unheimliche Gestalten, lauter Erzieher und
Bildner, welche freundlich grinsen und die Hände einladend
herausstrecken und lockend rufen: „Kommt doch wieder
herein in unsere Hallen, wo wir einst so gemüthlich waren!
Nur bei uns ist Gottesfriede und Seligkeit!" — Ja, wenn
nur der Blutgeruch nicht wäre!

Im sechzehnten Jahrhundert schlug Dr. Martin Luther
zwar mit warnendem Hammer an die alten Kirchenpforten,
aber die Priesterschaft fand darin keine Mahnung sich zu
reinigen. In der Geschichte zeigt sich der Clerus immer
so unsittlich, als ihm die Laien jeweils zu sein erlaubten.

Einen eigenen Drang sich zu bessern und ohne Noth tugendhaft zu werden, hat er im Ganzen nie verspürt. Die wenigen Zuchtmeister, die aus seiner Mitte erstanden, waren ihm selbst verhaßt und ihre Wirkung stets von kurzer Dauer. Wie sich damals der Clerus in Bayern aufgeführt, das haben wir im vorigen Capitel schon gezeigt. „Wenn die Priester," heißt es in der Geschichte jener Tage, „als Trunkenbolde, Spieler und Wucherer lebten, Beischläferinnen hielten, mit Weibern Ehebruch trieben, Nonnen verführten, Kirchen und Altäre zu Schlupfwinkeln ihrer Wollust machten, immer fanden sie bei den Obern Schutz gegen den weltlichen Arm."

Der dreißigjährige Krieg setzte vielleicht durch sein Elend der Ueppigkeit einiges Ziel. Sonst wurde nicht viel besser. Der Volksunterricht war bettelnden Schulmeistern überlassen, die nebenher als Spielleute, Hochzeitslader und Possenreißer ihren Unterhalt verdienen mußten. Von den Myriaden der Weltpriester und Klosterherren fand nicht Einer Zeit, sich der niedern Schulen anzunehmen. Die höheren Anstalten lagen in den Händen der Jesuiten. Sie lehrten die Jugend heimliche Laster und schlechtes Latein. Die Wissenschaften, die im übrigen Deutschland erwachten, schlummerten noch lange. Die Juristen übten die rohen Gesetze vergangener Zeiten mit alterthümlicher Rohheit aus. An den Krankenbetten stritten sich unwissende Aerzte mit dem Abdecker und wunderthätigen Bettelmönchen um die Heilung des Leidenden. Tausendfacher Aberglaube, von den Priestern mehr genährt als bekämpft, beherrschte die Geister. Auch in jenen Tagen finden wir die Kirche noch nicht als Erzieherin und Bildnerin der Völker. — Wie sich der bayerische Clerus in seiner Mehrzahl benahm, als Kurfürst Max III. für Aufklärung zu wirken begann, haben wir früher ebenfalls erzählt.

Und nun zu unserer Zeit. Woher mag es kommen, daß die eifrigsten Bekenner der römischen Kirche unter den Völkerschaften die finstersten sind? Warum ist Sicilien, einst das reichste Land der Welt, in unsern Tagen halb verödet, sein Volk zu einem Dritttheil dem Bettel ergeben und in tiefste Unwissenheit versunken? Soll man nicht darauf rathen, daß die Ursache seine dreißigtausend Mönche und Nonnen sind, seine Priester und Erzpriester, denen fast die Hälfte des Landes gehört? Wenn dem Clerus die Erhebung und Bildung des Volkes am Herzen läge, welche geistige Cultur hätte er mit seinen reichen Mitteln dort erschaffen können! Die Italiener, die doch seit Jahrhunderten von der Kirche erzogen wurden, sind sittlich so verfallen, daß sie sich nach Menschenaltern erst wieder erholen werden. Was soll man von einer Erzieherin denken, die ihre Zöglinge so entläßt? Was gliche auf Erden der inneren Fäulniß des Kirchenstaates, für dessen verwirktes Dasein den Armen nun der Peterspfennig abgeschwindelt wird? Wie viele Revolutionen wird die spanische Halbinsel noch erleben müssen, bis aller Giftstoff ausgetrieben ist! Und im südlichen Frankreich, wo der Clerus auch noch eine Macht, welch' rohe Dummheit kam dort bei den letzten Bauernunruhen zu Tage!

Leider müssen wir an diese Länder auch unser Altbayern anreihen. Streben auch die Städte vorwärts, so liegt doch der Landmann noch in vielhundertjähriger Erstarrung. Auch hier ist der Clerus noch allenthalben eine Macht und beherrscht die Geister, am gewaltigsten vielleicht im Lande Niederbayern. Es ist überflüssig zu bemerken, daß der Schulunterricht dort gering geachtet wird, während die Kirche äußerlich in großem Flore steht. Altverehrte Heiligthümer, wie die steinerne Maria auf dem Bogenberg, welche die Donau aufwärts schwimmend dort gelandet, die heilige Capelle zu Sossau, welche, wie jene zu Loretto, die Engel dahin getragen, die heiligen Hostien zu Deggendorf, sie gelten als unschätzbare Unterpfänder eines freundlich gesinnten Himmels. Ihre Wunderthaten scheinen anzudeuten, daß dieser an dem Volk und dessen Sitten sein Wohlgefallen habe und ihm solches gerne durch besondere Gnaden zu erkennen gebe.

Von anderer Seite betrachtet erscheint dies fruchtbare Land allerdings als ein Stück des versunkensten Mittelalters, als ein spät nachhinkendes Fragment aus den großen Zeiten der Kirche. Die Statistik der Verbrechen weist den Niederbayern den tiefsten Platz unter den deutschen

Völkerschaften an, aber was im Lande über den Charakter dieser Missethaten zu hören ist, klingt noch schauerlicher als jene Zahlen. Man mordet sich dort zum Zeitvertreib. Am heiligen Sonntag, beim Abendtrunk löschen sie die Lichter aus und stechen sich mit langen Messern einfach todt. Der Jüngling, der keine Menschenseele auf dem Gewissen hat, genießt, wie bei den Irokesen, keiner Achtung, ist keines keuschen Mädchens werth. Ritterlichkeit dagegen steht in schwachem Ansehen; es genügt schon, um mit Ehren genannt zu werden, wenn der Held dem Opfer — oft ist's ein guter Freund, oft gar ein Unbekannter — selbdritt oder viert im Hinterhalt aufpaßt und es meuchlings niederlegt. Jüngst fielen acht solcher Scheusale bei Nacht über einen harmlosen Krüppel her und zerhieben ihn zum Spaße in hundert Fetzen. Bei all diesem Blutdurst doch vor dem Schwurgericht nur Feigheit und Lüge — als allgemeine Ausrede viehische Besoffenheit. Aeltern und Kinder behandeln sich aufs roheste. Man sah einen Vater mit dem jüngsten Sohne gegen die älteren kämpfen, alle mit Sensen bewaffnet, auf Leben und Tod — weil sie sich um den „Austrag" stritten. Die Brandlegungen aus Rache oder Eigennutz sind so zahlreich geworden, daß die Feuerversicherungen keinen Eintritt mehr gestatten. Auch der Meineid ist hier am häufigsten und gilt nicht für unvereinbar mit der vielgerühmten Biederkeit. Neulich kehrte der Gedungene nur deßwegen zur

Rechtschaffenheit zurück, weil er seinen Eid an einem
Freitag schwören sollte und er an diesem die versprochene
Wurst nicht essen durfte. Wenn irgend eine priesterliche Agi=
tation durch das Bauernvolk geht, so können die Städter
die Stadt nicht verlassen, ohne den schändlichsten Miß=
handlungen ausgesetzt zu werden.

Doch hat das Volk auch seine guten Seiten. Es ist
fromm und andächtig, enthält sich, wie vorher gezeigt,
am Freitage des Fleischgenusses und beobachtet über=
haupt die Gebote der Kirche eben so streng, wie jene
Banditen, welche im schönen Italien kreisen. Seine tiefe
Religiosität zeigt sich oft noch unter Umständen, die
sie eigentlich auszuschließen scheinen. Während einst auf
einem Einödhofe die Bäuerin, die allein zu Hause ge=
blieben, von mehreren Genossen zu Tode gepeinigt und
das Haus geplündert wurde, gingen deren Weiber wall=
fahrten, um den himmlischen Segen für das Unternehmen
zu erflehen. Ein anderer Niederbayer überfiel einen be=
jahrten Mann, der viel Geld bei sich trug, meuchlings auf
der Landstraße und lief, als er verscheucht worden, gerade=
wegs nach Altötting, um das blutige Messer hinter ein
Votivtäfelchen zu stecken und der Mutter Gottes zu weihen.
Ein dritter hatte aus nichtiger Ursache ein Mädchen er=
stochen, blieb aber bei der Sterbenden und ermahnte sie,
Reu' und Leid zu machen, damit sie nicht in ihren Sünden
hinfahre. — Noch fördert auch mancher Priester den

Glauben an Hexen und sucht, wenn in den Ställen das Vieh erkrankt, die Unholdinnen durch Segenssprüche und Exorcismen zu bannen.

Dieses Volk glaubt alles, ob Wahrheit oder Dichtung, was ihm seine Priester sagen und läßt sich von ihnen als willenlose Heerde zur Urne führen, zu Wahlen, welche das Vaterland erröthen machen. Die sichere Aussicht mittels der Rohheit der Bauern die aufkeimende Bildung und liberale Bewegung in den Städten zu erdrücken, berauscht jetzt manchen frommen Patrioten — mancher kann den Augenblick kaum erwarten, wo die Geschicke des engeren Vaterlandes durch directe Wahlen jenen unzurechnungsfähigen, doch von höherer Hand geleiteten Geschöpfen anheim gegeben sein werden.

Man sollte glauben, der hochwürdige Clerus von Niederbayern betrachte dies Ergebniß seiner mehr als tausendjährigen Thätigkeit nicht ohne Schamgefühl — aber dem ist nicht so. Der hochwürdige Clerus oder wenigstens seine zeitungsschreibenden Mitglieder rühmen vielmehr diese Leistung und erklären sie für mustergiltig. Es ist immerhin angenehm, über reiche Bauern zu herrschen, auch wenn sie noch so arm am Geiste, noch so roh und verkommen sind, angenehm, eine Macht zu sein, die zwar nichts Gutes schafft, aber auch nichts Böses hindert! Man schmeichelt in niedriger Weise dem versunkenen Volke und predigt ihm täglich, welch' hohen Rang es durch seine Frömmigkeit vor Gott und seinen

Heiligen einnehme, gegenüber jenen Städtern, Protestanten und Freimaurern, welche sämmtlich verdammt seien. Man ermahnt es, bei der edlen Einfalt seiner Sitten zu bleiben und auf die Achtung der Menschen lieber zu verzichten, als auf die Beliebtheit im Himmel. Es solle, räth ihm der Clerus, wenn überhaupt etwas, nur jene Blätter lesen, die er wegen ihres Unflaths selbst verachtet, obgleich sie seinen Zwecken dienlich sind. Endlich hat man auch eine wohlklingende Phrase gefunden, welche den moralischen Schmutz vergolden soll. Sie lautet: „Wo die Rohheit dieses Volk erniedrigt, da adelt es auf der andern Seite die Kraft."

Wenn wir aber alles dies zusammenfassen, so können wir die Kirche auch in Altbayern, in Niederbayern nicht als Erzieherin und Bildnerin der Völker verehren.

Unter solchen Umständen darf es nicht auffallen, daß gerade aus jener Ecke die meisten Adressen gegen das neue Schulgesetz hervorgegangen sind. Und doch wird dasselbe den Clerus keineswegs verhindern, auf die Schulen den wohlthätigsten Einfluß zu üben. Aber auch, wenn er ganz beseitigt würde, dürfte er in seiner eigenen Geschichte Grund genug finden, nicht empfindlich zu sein, sondern eher sprechen: „Gott sei Dank, geliebter Staat, daß du uns die Plage abnimmst! Seit Garibald's und Theodolinden's Zeiten, seit dreizehnhundert Jahren sitzen wir über der Volkserziehung und bringen doch nichts ordentliches zu Wege. Wir haben Milliarden aus dem Ländchen gezogen, mehr gekostet als eine stehende Armee von hunderttausend Hinterladern, wir haben alle Mittel angewendet, oftmals Scheiterhaufen, Hexenverbrennungen, Judenmorde und andre Scheußlichkeit, dann wieder sanfte christliche Künste, selbst gemachte Wunder, Augenlust und Mummenschanz, schwarze Mütter Gottes, weiße, grüne, blaue, geistliche Comödien und Missionen,, Prozessionen, Wallfahrten, Andachten, Rosenkränze, Litaneien, täglich bis zum Ueberdrusse wiederholt, und doch geht's nicht! Noch wie in den Tagen der Agilolfinger sticht der Bajuvare besoffen im Wirthshause den ersten besten nieder, noch regiert Unzucht und Völlerei, wie zu St. Bonifacius Zeiten. Der Meineid ist häufig geworden und die Ehrlichkeit klein, groß ist nur die Rohheit und die Lümmelei! — Wir wissen überhaupt nicht, warum man uns für Erzieher ansieht! Wir haben ja noch niemanden erzogen — außer schlecht. Die Bourbonen, die Habsburger, andere katholische Prinzen und zahlreiche Völkerschaften wissen ein Lied davon zu singen und werden's uns gern bestätigen. Was es nur sein muß, daß man in unsern protestantischen Landestheilen so viel mehr Ordnung, Fleiß und Bildung, so viel mehr Sitte und Anstand findet, obgleich ihre Religion in beständiger Selbstauflösung ist? — Wir sind aber dem Bayerlande Dank schuldig, denn es hat uns gut verpflegt zu allen Zeiten und uns, obwohl Jahrhunderte lang in schnödem Lasterleben schwelgend, gleichwohl nicht ausgefegt. Also wollen wir seiner Wohlfahrt fürderhin nicht entgegen sein. Wir behalten uns nur vor, ihm unsre Religion beizubringen, die wir trotz alledem für göttlich halten, weil selbst wir sie nicht zu Grunde richten konnten, überlassen euch aber das Uebrige."

Diese Sprache hätte man von unserm biedern Clerus wohl erwarten dürfen. Sie hätte eben so gerechte Würdigung seiner eigenen Verdienste als einsichtsvolle Liebe zu seinem Volke verrathen.

Wenn aber die Kirche nicht die Erzieherin und Bildnerin der Völker, wer hat denn sonst die Völker erzogen und gebildet? Denn in unserer Zeit will man immerhin bemerken, daß sie, wenigstens die gut gerathenen, in artigen Sitten und löblichen Gebräuchen, in den Hantierungen des Friedens, in Wissenschaften, Künsten und allerlei Staatseinrichtungen eine höhere und edlere Stellung einnehmen, als etwa vor sechshundert Jahren, in den großen Zeiten der Kirche.

Es begab sich im fünfzehnten Jahrhundert, daß erst einzelne Männer an der christlichen Rohheit der damaligen Gegenwart ein Grauen empfanden und sich in vergangene Zeiten zurücksehnten, die ihnen schöner dünkten. Etliche Schriften blinder Heiden, die einst im fernen Griechenland gelebt, zogen sie lebhafter an als die geschmacklose Beschränktheit der Scholastiker. Zuerst nur bedacht, ihre Kenntniß des Alterthums zu erweitern, fielen diese Männer bald darauf, den gesunkenen Menschen zu erheben und zu veredeln. Diese Männer starben nicht mehr aus, sondern es wurden ihrer immer mehrere und jetzt, in diesen unsern Tagen, stehen alle gebildeten Völker unter dem Panier, das sie damals entfaltet. Selber sündige Menschen, oftmals strauchelnd, stets gehindert, verfolgt, gepeinigt, haben sie doch nie abgelassen in ihrem Streben und ihnen verdanken wir die Errungenschaften der neuen Zeit. Sie gründeten viele Wissenschaften und erweiterten die andern. In wunderbaren Entdeckungen gab der menschliche Geist bald Zeichen seines neuen Lebens. Die alte phönicische Erfindung der Buchstabenschrift wurde durch unsern Guttenberg zur Herrscherin der Welt erhoben. Auf dem neugebrochenen Felde erblühte die Literatur, die Poesie der neueren Zeit. Gegen Vorurtheil und Aberglauben wurde ein langer Kreuzzug gepredigt, der freilich das gelobte Land der Vernunft noch immer nicht ganz erreicht hat. Die Forschung und die Gewissen befreiten sich und gingen ihren eigenen Weg. Die Kirche schämte sich ihrer Scheiterhaufen; in den Hexen erkannte sie nachgerade alte Weiber, so einfältig und so albern, als ihre Verfolger selbst gewesen und auch die Juden kamen ohne Brandgeruch im Schooße Abraham's an. Alle Freunde des Volkes wirkten für Verbesserung der Schulen, für Verbreitung des Unterrichts. Und so gelang es auch,

obwohl langsam, die Rohheit der Sitten zu mildern, die
Wildheit des Adels zu zähmen, den Clerus aus seiner Ent=
artung zu reißen, den eingeschlafenen Bürger wieder wach
zu rufen und in dem blöden Bauern, wenigstens hie und
da, das Gefühl seiner Menschenwürde zu erwecken.
Namentlich das Bürgerthum griff bald eifrig ein und
strebte nach erlaubtem Schmuck des Lebens, nach Kunst
und Wissenschaft. Auch die Rechtsgelehrten wurden
menschlicher und mit ihnen die Strafen — die Folter=
bänke loderten in Flammen auf — die Gefangenschaft sollte
bessern und der Unglückliche, der das Leben verwirkt, ging
wenigstens ohne Martern aus der Welt. Alle Einrich=
tungen des Staats sollte der Geist der Menschlichkeit durch=
dringen; die Leibeigenschaft verschwand, die Vorrechte der
Stände fielen, die Fesseln erlaubter Thätigkeit zerbrachen.
Die Freiheit der Presse und die Schwurgerichte traten
als längst ersehnte Palladien ins Staatsleben ein. Am
lebhaftesten aber wurde für bürgerliche Freiheit gerungen.
Es galt als letztes Ziel, daß den Fürsten nicht die Macht zu
nützen, aber die Möglichkeit zu schaden, nach menschlichen
Kräften benommen sein sollte.

Und wenn auch noch viel zu thun bleibt, so ist doch
das Reich der Humanität, der Menschenliebe, wie es Jesus
Christus gründen wollte, in wenigen Generationen näher
gekommen, als früher in einem Jahrtausend.

Man kann nicht finden, daß die Kirche sich der neuen

Entwickelung günstig zeigte. Copernicus wurde lange nach seinem Tode in seinem Schüler Galilei gezüchtigt. Friedrich von Spee, der viel citirte, schrieb seinen Tractat gegen den Hexenglauben unter den Schrecken lauernder Verfolgung. So lange die Mönche die geringfügige Wissenschaft früherer Tage noch in ihren Zellen zusammenhielten, waren sie ihr nicht ganz abgeneigt, aber als diese außerhalb der Klosterpforte besser gedieh als drinnen, zeigten sie kein Vergnügen mehr daran. Die Kirche hat seit dieser Zeit den Wissenschaften nur Förderung gewährt, wenn sie keine mehr brauchten.

Wer sind nun aber jene Erzieher und Bildner der Völker? Sie haben im Laufe der Tage verschiedene Namen erhalten, je nach den Ländern, in denen, je nach den Gütern, für die sie kämpften. In unsern Zeiten heißt sie der Witz der Gegner Freigeister, in Altbayern Freimaurer und dergleichen. In den politischen Kämpfen der letzten Jahrzehente haben sich die Träger jener Bestrebungen selbst Liberale genannt und für das Wenige, was wir noch zu sagen haben, wollen auch wir diesen Namen verwenden.

In unsrem Lande lautet, wie nicht zu verwundern, dieser Tage das Feldgeschrei: Hie liberal, hie clerical! Die Parteien sind augenscheinlich sehr erbittert, aber man darf doch die Frage stellen, ob die Gegensätze nicht zu versöhnen sein möchten.

Die Liberalen werden schwerlich übergehen. Sie haben

ihre Errungenschaften nicht mit den Priestern erkämpft und werden sie jetzt auch nicht unter ihre Flagge stellen. Eher könnte der Clerus einen oder zwei Schritte gegen jene Seite versuchen. Ob die Strömung jetzt nicht günstig wäre, um einige anerkannte Flecken aus seinem Hermelin zu waschen? Ein feierlicher Schluß der Deggendorfer Wallfahrt mit solennem Lobamt für die bisher geschehenen Wunder wäre z. B. ein gutes Zeichen, daß man auch in gewissen niederbayerischen Kreisen zu denken beginne. Mehrere Erscheinungen der alten und der neueren Zeit lassen sich nur dahin auslegen, daß das Cölibat, so oft schon eingeschärft, gleichwohl noch immer nicht gehalten werde. Vielleicht denken die heiligen Väter des nächsten Concils an eine Abhilfe. Auch ihnen kann nicht unbekannt sein, wie schwach das Fleisch oft ist. Was unseren wackeren Landgeistlichen noch Rusticales anklebt, das könnten gebildete deutsche Frauen am besten abschuppen. — Auch einige Eitelkeit wäre bei Seite zu lassen. Eine Standesliteratur wie der Clerus hat kein anderer Stand. Selbst die hochmüthigste Junkerschaft würde sie nicht ertragen; von Bürgern und Bauern, die ohnedem nicht viel Lob gewöhnt sind, reden wir gar nicht. In diesen seinen Schriften, die von Priestern für Priester geschrieben sind, wird nämlich dem geistlichen Stande auf eine Weise geschmeichelt und hofiert, daß der angehende Landcaplan schon schwindlig werden muß. Selbst die Weltgeschichte wird ihm so zugerichtet, daß er zuletzt wirklich glauben kann, je besser der Clerus gelebt, gegessen und getrunken, je größer seine Zahl, seine Macht und sein Einfluß, desto besser sei die Menschheit daran gewesen, während doch zu allen Zeiten und auch jetzt noch Wohlstand, Bildung, Sittlichkeit eines Volkes gerade in umgekehrtem Verhältnisse stehen zur Zahl und Macht der Priester, Mönche und Nonnen. Ueberdieß sind alle guten Bücher auf dem Index oder sonst mißliebig und wenn er, der Landcaplan, in der That einmal lernen wollte, wie es früher in der Welt ausgesehen und wie mancher aufrichtige Priester das Verderbniß seines Standes bejammert hat, so darf er's nur lesen, wenn der Herr Pfarrer im Wirthshaus seine Kurzweil sucht.

So kommt er nie dazu, die sehr mäßigen Früchte seines geistlichen Feldes mit dem ungeheuern Betriebscapitale zu vergleichen, das darauf verwendet wird. In diesem beständigen Rausche von Würde, Hoheit, Macht entfließen ihm dann bei seinen Primizpredigten jene unglaublichen Sprüche, so z. B. daß der Priester mächtiger sei als das höchste Wesen, weil dieses auf sein Gebot beim Meßopfer in die Hostie fahren müsse oder weil Gott außer Stand sei, sich selbst wieder zu erzeugen, während der Priester ihn täglich neu erschaffen könne und derlei lästerliches Zeug, so daß man sich nur wundern muß, wenn das Hohngelächter der Hölle nicht den Kirchenboden zersprengt.

Aber man sieht nicht ein, warum dies nicht anders

werden soll. Es finden sich so viele treffliche Männer unter der altbayerischen, unter der niederbayerischen Priesterschaft, daß kein Grund ist, schöne Hoffnungen aufzugeben. Unser Clerus ist von Natur aus nicht so beschränkten Geistes, nicht so ultramontan, als er jetzt erscheint; man hat ihn nur dazu erzogen. Seine tüchtigsten Männer sehen sehr wohl ein, daß sein Einfluß viel besser gesichert ist, wenn er die Aufgaben, welche ihm die kommenden Zeiten stellen, rüstig in Angriff nimmt, als wenn er in den versumpften Zuständen der Gegenwart noch länger stecken bleibt.

Die Wissenschaft ist unaufhaltbar und zertrümmert allen Widerstand. Die neuere Geologie wird nicht an den ersten Versen der Genesis zerschellen, sondern eher umgekehrt. Die Kirche giebt auch immer nach, nur etwas spät. Die spanische Kirche erkennt Amerika's Existenz schon lange an, obgleich sie dem großen Genueser dessen Unmöglichkeit aus den Kirchenvätern bewiesen. Der heilige Vater läugnet jetzt nicht mehr (wie der Pastor Knak), daß die Erde sich um die Sonne drehe, sondern trollt sich mit uns Andern ohne Protest um das leuchtende Gestirn, obgleich seine Vorgänger den Satz mit schimpflichen Strafen verpönt. Die niederbayerische Kirche predigte früher gegen die Hagelvereine als gegen Eingebungen des Teufels und stiftet jetzt selber einen. Die Kirche zu** oder vielmehr der Pfarrer daselbst bonnerte von der Kanzel mit unabläſſiger Heftigkeit gegen die Eiſenbahnen und war doch der erſte, der mit dem erſten Zug nach München kam. Man ſieht alſo, die „Kirche" iſt keine unnachgiebige Feindin des Fortſchritts; garſtig iſt es nur, daß ſie die Gegner zuerſt verſchimpft, verläſtert und einkerkert, um dann ihre Theſen ſtillſchweigend anzunehmen.

So wird ſich auch der Gang der Welt nicht nach dem altbayeriſchen Clerus richten, ſondern dieſen ſicher mit ſich ziehen. Letzterer wird ſich vorerſt ſelber noch ein Bischen abhobeln, bilden, ſein Erziehertalent erwecken und dann ohne Zweifel das Beſte thun für die Erhebung ſeines Volkes. Er wird gerne mitarbeiten, daß das neue Schulgeſetz bald möglichſt Wurzel faſſe und gedeihliche Früchte bringe. Aber das weiſeſte Schulgeſetz hat keine Tragweite, wenn die Jugend, wie bisher geſchehen, ſchnell wieder vergißt, was ſie kaum gelernt hat. Hier kann ein gebildeter Clerus ſich den wärmſten Dank erwerben. Er kann mit gutem Beiſpiel vorangehend die Liebe zur Lectüre verbreiten, kann in den Dörfern für kleine Bücherſammlungen und andre Bildungsmittel ſorgen, kann den Landleuten Vorträge über Staatsverfaſſung, die Geſchichte des Vaterlands, die Wunder des Himmels, die Beſchaffenheit der Erde und über andre wiſſenswerthe Dinge halten, die ihn freuen und die er verſteht. Er wird der Jugend die äußerliche Schönheit der Heimath weiſen, die hohen Alpen, die großen Ströme, die feinen Städte, die freund=

lichen Dörfer, die fruchtbaren Gefilde und die alten, dunkeln Wälder. Aber indem er sie das Land der Ahnen lieben lehrt, wird er ihr aufmunternd sagen, sie habe es auch mit Blüthen des Geistes auszuschmücken und mit allen Kräften darnach zu streben, daß aus dem Stamme der Bayern immer mehr Männer erstehen, welche "aller Deutschen Stolz und der Menschheit ewige Zierde" werden. Er kann seine ländliche Umgebung mit Erfolg in die Dichtung unsrer und andrer Völker einführen; denn sein feiner Geschmack wird nur Spenden wählen, welche auf Jugend und Alter veredelnd wirken. Er kann auch Frau Musica herbeirufen und wie einst der Thracier Orpheus die Milderung der Sitten durch Gesang erstreben. Die gefällige Eleganz seines Benehmens, die anziehende Grazie seiner Redeweise wird in den bäuerlichen Kreisen nicht ohne Nachahmung bleiben. Gehet hin und lehret alle Völker! sprach der Heiland und dies bezieht sich nicht blos auf die sieben Sacramente, die sieben Todsünden und andre catechetische Arithmetik, die man bei uns seltsamer Weise Religionsunterricht nennt. Der Clerus wird sich erinnern, was derselbe Heiland von dem vergrabenen Pfund gesagt und zugeben, daß auch dem Hollabauer, dem Straubinger Bauern ein solches Pfund verliehen ist. Man wird's auch in Niederbayern endlich satt werden, gegen die eigennützige Schmeichelei einiger Pfaffen die laute Indignation aller Gebildeten einzustecken.

Auf diese Weise wird der Clerus seine unheilige Vergangenheit vergessen machen und wegen seiner neuesten Verdienste Lob und Preis von allen ernten. Dann wird er sich auch seiner verwilderten Presse schämen, deren haarsträubende Gemeinheit ein so schlimmes Licht auf den Bildungsstand ihrer geistlichen Mitarbeiter wirft. Allmälich werden auch unsre ehrwürdigen Bischöfe erröthen über die schofeln Gesellen, die jetzt ihre Schlachten schlagen, und über deren wüstes Geschrei. Das sind nicht die heiligen Harfentöne, wie sie aus dem Quartier erschallen sollten, wo die Religion der Liebe haust!

Ja, wenn einst jene Wandlung eingetreten, wird das Land bald eine andre Physiognomie gewinnen, die Rohheit und ihre Laster werden verschwinden, die Sitten werden sich mildern, die Bildung sich verbreiten und der altbayerische Bauer wird ein Ebenbild des gütigen und weisen Schöpfers werden, so ansprechend und so lieblich als ein andres auf der Welt. Bei diesem fröhlichen Anblick wird sich unser Clerus dann selber Glück wünschen, sein Wirken als Zauberer, Wettermacher und Hexenbanner auf das Nöthigste beschränkt und seine ganze Kraft als Erzieher und Bildner entfaltet zu haben.

Und wenn wir nun zum Schlusse in den lauten Lärm der Parteien noch ein begütigendes Wort hineinsprechen dürfen, so rufen wir unsern lieben Landsleuten, den geistlichen Herrn von Altbayern, freundlich zu: Ihr habt die schönste Aufgabe, das höchste Ziel vor euch und wir wollen mit allen Kräften helfen, daß ihr es glücklich erreicht; aber nur auf! auf! Nicht immer kreischend, schimpfend und heulend sich hinterdrein schleifen lassen, sondern als wahrhaftige Erzieher und Bildner des Volkes in edler Begeisterung vorwärts, vorwärts mit den vordersten. Dann werden wir ein Christenthum erleben, das uns alle vereinigt. Und darin liegt die Versöhnung!

Inhalt.

           Seite

I.
Aus dem bayerischen Vormärz 1

II.
Der Judenmord zu Deggendorf 21
    Vorbericht 23
 I. Schicksale der Juden im Mittelalter 26
II. Das Deggendorfer Wunder 102
    Nachtrag 141
    Das Deggendorfer Lied 146

III.
Die Wandbilder des bayerischen Nationalmuseums . . . 151

IV.
Epilog 203